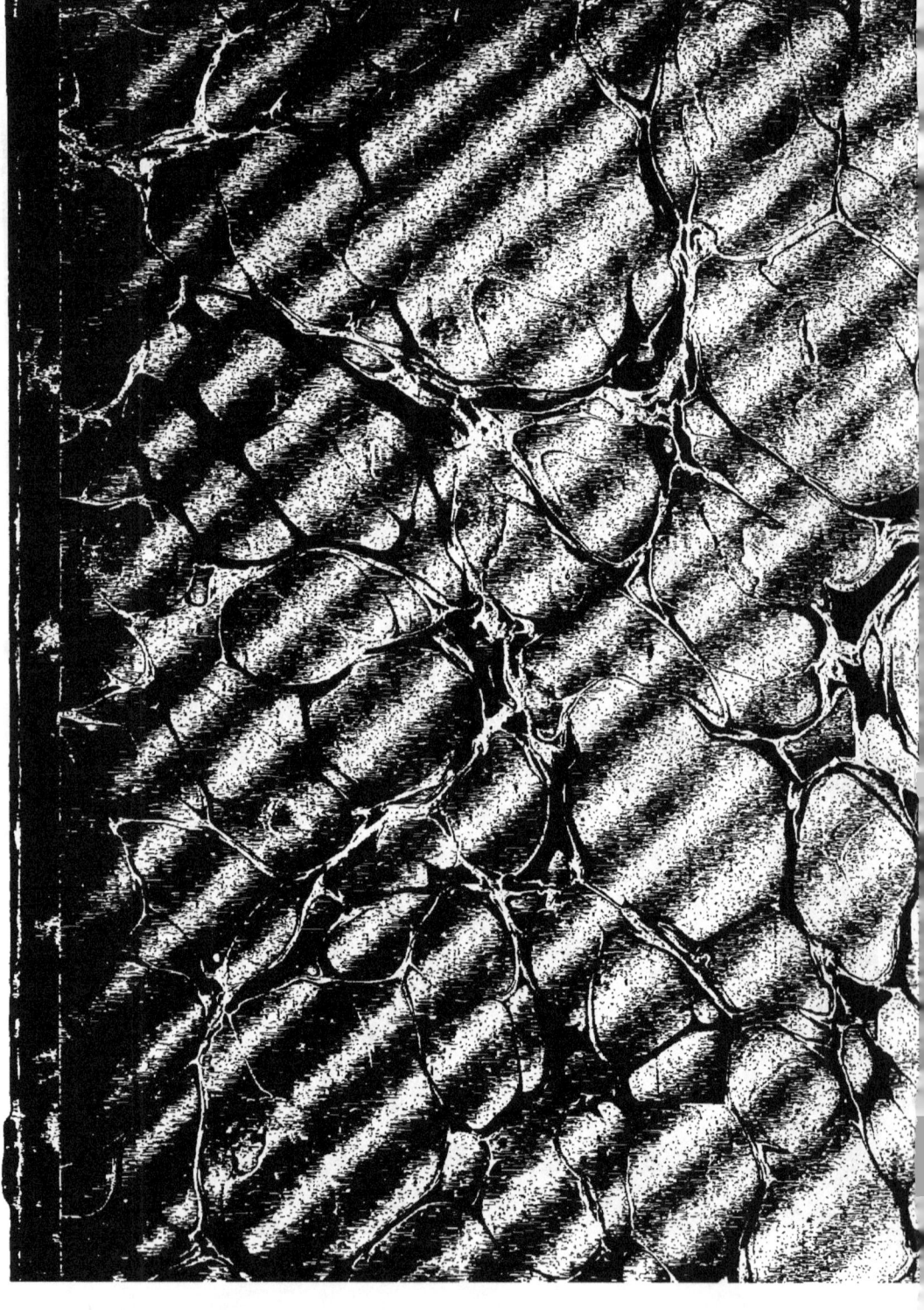

EN TUNISIE
ET
AU MAROC

VUE DE TUNIS.

BIBLIOTHÈQUE VARIÉE

RAOUL POSTEL
ANCIEN MAGISTRAT AUX COLONIES

EN TUNISIE
ET
AU MAROC

AVEC 15 DESSINS ORIGINAUX PAR LE Dr L.-M. REUSS

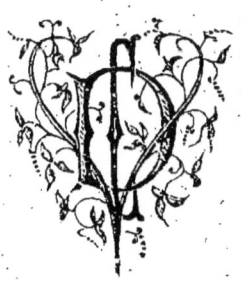

PARIS
LIBRAIRIE GÉNÉRALE DE VULGARISATION
9, RUE DE VERNEUIL, 9

A MONSIEUR CAMBON

MINISTRE-RÉSIDENT DU GOUVERNEMENT FRANÇAIS DANS LA RÉGENCE DE TUNIS

Monsieur le Ministre,

Vous avez su, en peu de temps et au prix d'incessants efforts, sans découragements et sans faiblesses, réorganiser, pour le plus grand profit de l'influence française, les divers services de la Tunisie. Grâce à votre prédécesseur, grâce à vous, qui avez si heureusement complété l'œuvre commencée, l'ancien État Barbaresque est devenu, dès aujourd'hui, une seconde Algérie.

Votre nom, monsieur le Ministre, est donc inséparable, désormais, de l'histoire de notre première occupation de la Régence. A ce titre, vous nous permettrez de l'inscrire en tête de notre Livre, qui n'est, somme toute, qu'une constatation impartiale des résultats éclatants dus à votre sage et ferme politique.

RAOUL POSTEL.

L'ÉDITEUR,
A. DEGORCE.

Paris, 20 mai 1885.

PREMIÈRE PARTIE

EN TUNISIE

CHAPITRE I

SUPERFICIE, CLIMAT ET CONFIGURATION GÉOGRAPHIQUE DE LA TUNISIE

La régence de Tunis, comprise entre 32° 20' et 37° 20 de latitude nord, 5° 10' et 9° 12' de longitude est, est bornée au nord et à l'est par la Méditerranée, à l'ouest par l'Algérie, au sud par la Tripolitaine et le désert des Touâreg.

D'après M. H. Duveyrier et M. O. Reclus, la Tunisie couvre un espace approximatif de onze à douze millions d'hectares, peuplé par environ 1,500,000 habitants.

Le climat est généralement sain, quoique variable. Le thermomètre s'élève, en effet, jusqu'à + 50° pour s'abaisser au delà de − 5°, selon la saison. Mais on s'habitue aisément aux alternatives des chaleurs et des pluies. Évidemment, un règlement strict d'hygiène est de rigueur, et l'intempérance, sous n'importe lequel de ses multiples aspects, mène à de fâcheuses conséquences. Pour les gens sobres et bien équilibrés, le pays n'offre rien de redoutable. Au surplus, si quelques régions sont fiévreuses, le littoral et les hauteurs permettent de se rétablir promptement.

Physiquement, la Régence ne forme qu'une même contrée avec l'Algérie. L'Atlas en constitue la charpente orographique. Les deux principaux contreforts qui s'en détachent en parcourent toute la largeur, et vont aboutir aux deux promontoires qui forment le golfe de Tunis. L'espace qui sépare ces deux chaînes est une suite du Tell algérien, et présente, comme lui, une série de plateaux étagés, à direction irrégulière, mais qui vont s'abaissant vers la mer.

La constitution géologique est tout à fait semblable à celle de notre colonie algérienne. Parmi les substances minérales, on cite l'argent, le cuivre, le plomb argentifère, le mercure, le fer, le graphite, l'albâtre, le cristal de roche et l'argile.

L'hydrographie n'offre qu'une rivière importante, la Medjerdah, qui a 400 kilomètres de cours et se jette dans le golfe de Tunis, où son embouchure est, comme celle de toutes les rivières de l'Afrique septentrionale, encombrée de vase. Son cours supérieur est compris dans nos possessions d'Algérie. Cette rivière a, du reste, le même régime que celles qui existent dans notre colonie : elle offre des berges tantôt élevées, tantôt flottantes et indécises ; elle traverse des gorges abruptes et des plaines fertiles. Si elle était canalisée et munie de barrages-réservoirs, elle féconderait d'admirables vallées. Dans l'état actuel, les indigènes s'en servent pour l'arrosage, et, malgré leur peu d'industrie, ils parviennent à dériver la majeure partie de ses eaux.

Au nord de l'oued Medjerdah, signalons l'oued Tin, qui prend sa source à l'est de Béja et va tomber dans le lac Echkheul, près de Bizerte.

Parallèlement à l'oued Medjerdah et un peu au sud, le cours de l'oued El-Kébir, appelé aussi oued Melian, s'étend de l'ouest à l'est, et va se terminer dans la mer, au sud du lac de Tunis.

Dans le sud, on distingue les oueds qui se jettent dans la sebkha de Kairouan et les oueds qui descendent vers les chotts Djérid et Melrir. Les premiers prennent les noms d'oued Nebana et d'oued Mansour, dont les embranchements supérieurs apportent les eaux du plateau de Ouartan, à l'extrémité duquel se trouvent la ville du Kef et l'oued El-Foka. Les seconds sont peu connus; il serait par trop hasardé d'en indiquer ici le parcours.

MM. Pellissier de Reynaud, Malte-Brun, Lavallée et, après eux, le commandant Villot ont divisé la Tunisie en quatre régions principales : 1° la région volcanique; 2° la région maritime; 3° la région centrale; 4° la région saharienne.

Nous adopterons la même division, malgré certains inconvénients. Mais elle permet de présenter, d'une manière rationnelle, l'exposé de la constitution physique de la Régence.

I. — La région volcanique, qui est en même temps la région montagneuse, est formée d'une couche de calcaire marneux de 200 kilomètres d'étendue, tantôt horizontale, tantôt perpendiculaire. En certains endroits, elle forme des *Dikes*, sortes de murailles que les indigènes appellent Sour-En-Nar, « murailles de feu ». On y remarque de nombreuses traces de lave, indiquant la présence d'anciens volcans. La montagne derrière laquelle est bâti le Kef et le Djebel-Zerissa sont les principaux cratères connus. Le Djebel-Zerissa, distant de 50 kilomètres du Kef, ne paraît éteint que depuis peu : son cratère est encore très visible, quoique recouvert de gazon ; ses coulées sont très nombreuses, et on dirait qu'elles viennent d'être vomies. Au pied passe une ancienne voie romaine pavée avec de la lave. Près du Kef, la montagne volcanique porte aussi des traces de coulées, et les laves descendent dans la plaine des Zeralma.

Au nord du Kef, dans le pays même des Khroumirs, le Djebel-Betoum s'est remis à fumer vers 1838. C'est un volcan en retard.

Cette partie montagneuse occupe la partie nord-ouest

de la Tunisie : elle se trouve donc juxtaposée à la frontière française algérienne, s'étendant du cap Si-Ali-El-Mekki à la Calle au nord, et du cap Bon au plateau de Sra-Ouartan au sud. Elle forme la ligne de ceinture du grand bassin de la Medjerdah, est très fertile en minerai de fer et de plomb, et couverte de magnifiques forêts, dont les essences sont, à peu de chose près, celles déjà constatées en Algérie depuis Bougie jusqu'à la Calle.

II. — La région maritime, celle exclusivement des côtes, présente un très grand développement, ce qui explique le rôle important qu'a joué cette contrée dans les annales nautiques. De la Calle au cap d'Apollon, aujourd'hui le cap Si-Ali-El-Mekki, les côtes suivent une direction ouest-nord-est. Elles sont rocheuses, n'offrent pas un abri, et sont partout semées de récifs. Il en est presque toujours ainsi sur la rive septentrionale de l'Afrique, de Tunis au détroit de Gibraltar. Les côtes présentent une alternance de triangles dont le côté ouest est rocheux et dépourvu d'abris, et le côté est sablonneux avec des rives basses et des mouillages plus ou moins bons. On constate de la Calle à Tunis de nombreux îlots, dont un, l'île de Tabarca, pourrait avoir une certaine importance. Du cap Si-Ali-El-Mekki jusqu'au cap Bon s'étend le golfe de Tunis. Du cap Bon à la Tripolitaine, les côtes s'infléchissent brusquement au sud et au sud-ouest ; elles sont basses, les hauts fonds de sable extrêmement prolongés au large, et c'est à peine si les bateaux de moyen tonnage peuvent y naviguer.

III. — La région centrale se compose de vastes plateaux déchirés par des roches nues à fleur du sol, et présentant tantôt d'immenses étendues couvertes d'alfa, tantôt des bas-fonds recouverts d'une mince couche d'argile reposant sur le tuf. En été, ces plateaux sont brûlés par le soleil, desséchés, privés d'eau ; en hiver, ils se couvrent de végétation herbacée, et des rochers à fleur de terre recueillent les eaux pluviales dans ces longues cuvettes qui n'ont pas 50 centimètres de profondeur, et qu'on désigne du nom de *Redir*. Si l'on jette les yeux sur une carte, on voit cette région s'abaissant vers une grande Sebkha, celle de Kairouan, vers laquelle convergent, comme s'ils partaient d'une circonférence concentrique, des lits de rivières plus souvent remplis de cailloux et de sable que d'eau courante. Cependant en hiver, quand il pleut, ils sont quelquefois « vivifiés » par la crue (*hamla*), et alors ils portent leurs eaux vers la Sebkha, après en avoir infiltré la plus grande partie. Les indigènes savent bien retrouver cette eau disparue, à l'aide de puits creusés en pleine terre, et qui s'effondrent d'une saison à l'autre, ou qui disparaissent sous une nouvelle et bienfaisante hamla.

Cette région participe des Hodna dans la partie avoisi-

nant la Sebkha et des Hauts Plateaux dans les parties
élevées. Le long des oueds, les indigènes élèvent des barrages faits de terre et d'arbustes, ainsi que cela se pratique au sud de Biskra et dans les hodnas de Barika et de Msila.

IV. — La partie saharienne est couverte de riches oasis, qui s'étendent au sud du chott El-Djérid. Nous aurons occasion de les indiquer ultérieurement.

Donnons ici un conseil amical aux touristes. On ne voyage pas en Tunisie de la même façon qu'en France. Il s'y trouve des chemins de fer, il est vrai, et des paquebots pour visiter les côtes. Mais dans l'intérieur ? Voilà un obstacle qui donne à réfléchir. Les routes sont, la plupart du temps, carrossables, soit! Mais, où se reposer, après une traite prolongée ?

La Providence, amie spéciale des voyageurs, a créé tout exprès pour eux les *fondouk*.

Il faut pourtant s'habituer à ces établissements primitifs, qui ne répondent en rien, nous n'hésitons pas à l'avouer, à l'idée préconçue chez nous du confort moderne. Après tout, c'est affaire d'usages locaux. Voici, du reste, de quelle façon MM. Cagnat et Saladin les décrivent :

« Un fondouk est ordinairement composé d'une grande cour, autour de laquelle règnent des chambres basses et sales, sans pavement aucun, habitées toute l'année par des légions de puces. Pendant la journée, le fondouk est à peu près vide. A peine un ou deux passants s'arrêtent-ils pour se reposer de la chaleur du jour, car il faut faire le plus de chemin possible afin de ne pas être surpris le soir loin de toute habitation. Mais, à la tombée de la nuit, c'est une autre affaire. Les moutons, les chameaux, les chevaux, les ânes, les mulets s'entassent dans la cour du fondouk; les charretiers et les caravaniers s'emparent de toutes les chambres, et, jusqu'au lever du soleil, c'est un mélange d'êtres de toutes sortes qui forme le spectacle le plus pittoresque que l'on puisse se figurer. »

Mieux vaut voyager en caravane bien pourvue, et se précautionner de solides abris.

CHAPITRE II

TUNIS ET SES ENVIRONS (LE BARDO. — LA MANOUBA. — LA MARSA. — L'ARIANA. — LA GOULETTE. — RUINES DE CARTHAGE)

I

Rien d'aussi ravissant que le spectacle dont on jouit quand on arrive par mer à Tunis. Si le voyageur y débarque, surtout au printemps, il reste saisi d'admiration en face des splendeurs du site, de la végétation, du ciel bleu, des horizons radieux qui s'étalent à ses regards éblouis. Il se souvient alors du proverbe local : « Lorsqu'on a bu une fois de ses eaux, ou respiré son air, on ne peut faire autrement que d'y revenir. » C'est là un singulier et indéfinissable sentiment, qu'inspirent du reste également Alger et certaines autres villes de l'Algérie. Dans tous les cas, lorsque les indigènes ont surnommé leur capitale la Glorieuse, la Verdoyante, le Séjour de la

Félicité, la Florissante, ils n'exagéraient guère, pas plus qu'en la dénommant aussi la Bien-Gardée. Ces désignations multiples conviennent au mieux à cette originale cité.

Avant de pénétrer dans le golfe au fond duquel sommeille indolemment Tunis, on aperçoit le délicieux village de Sidi-bou-Saïd, juché pittoresquement sur un rocher du cap Carthage. Plus loin apparaissent les ruines de ce qui fut la célèbre métropole punique : mais si consciencieusement que l'œil interroge le rivage, il ne distingue que des tronçons de colonnes en marbre noircies par le flot, que quelques débris de chapiteaux, qu'un pan de muraille incliné. Près de là, on aperçoit la chapelle de Saint-Louis, puis la promenade du Belvédère, avec ses plantations d'oliviers. A gauche s'étendent en amphithéâtre les montagnes de l'Hamman-Lif, du Djebel-Réças, du Zahouan. Ici le village de Rhadès, où Régulus battit Hammon ; là les riantes collines surmontant la Kbira et la Massoubia, monuments consacrés à de pieuses princesses musulmanes, et qu'un *giaour* ne saurait contempler de trop près sans péril ; puis le fort Sidi-bel-Hassan, qui se dresse au milieu de mamelons verdoyants ; enfin, l'entrée du canal de la Goulette.

Dès cette dernière approche, le tableau change. Les fortifications se montrent sous un aspect menaçant, avec leurs murailles percées d'embrasures et leurs canons s'al longeant entre les créneaux. Il est vrai que nombre de ces canons, ornés du lion du Saint-Marc, proviennent de la République de Venise, qui les offrit au bey; leur date nous rassure. Néanmoins, tout ce déploiement de force figure bien comme décor. Continuons d'avancer. Le milieu entier du canal qui sert de jonction entre la mer et le lac salé, derrière lequel Tunis est bâtie, contient une vraie flotte de navires au mouillage; forêt de mâts qui s'étend jusqu'au bout de l'étroit goulet où s'étage la petite ville, sorte de faubourg maritime de la grande, fière encore de son port, de sa citadelle bâtie par Charles-Quint, de ses douaniers, de ses marins, de ses soldats montant la garde derrière des châssis mobiles de toile qu'on peut tourner ou incliner suivant la position du soleil. Nous sommes bien là en Orient!

Tunis se dessine au loin comme une ligne blanchâtre. Son lac, que les habitants nomment orgueilleusement « la petite mer (*El-Baheira*) », mesure plus de quatre lieues de circonférence, mais seulement un ou deux mètres de profondeur, ce qui empêche les navires européens d'y pénétrer. Néanmoins, il est couvert de *sandales*, grandes barques à voiles latines montées par des Arabes, et construites de façon à pouvoir faire un service de transport entre les deux places. Souvent il y a un tel mouvement sur cette limpide nappe, toujours d'une pureté admirable en dépit des immondices qui s'y déversent, d'un bleu immobile, resplendissante de lumière, que l'on croirait assister à des régates. Le coup d'œil devient encore plus féerique à l'heure où des troupes de grèbes, de mouettes, de cormorans et de pigeons sauvages la traversent en tous sens de leurs zigzags capricieux. De place en place, de graves ibis et d'énormes flamants roses, dans une pose sibyllique, semblent interroger l'avenir. Sous l'influence de ce ciel radieux, l'homme, insensibilisé, en arrive à partager leur insouciance : il se laisse vivre, et ce souci **paraît lui suffire.**

Nous faisons ici, bien entendu, le trajet par eau. Plus loin, nous reprendrons la voie de terre. Le bateau longe les rivages de la Goulette, dépasse le Chikli, petit îlot s'élevant au centre du lac et qu'un fort, maintenant abandonné, dominait jadis, puis aborde au quartier de la Marine, à quelques centaines de mètres de la principale porte de la ville, Bab-el-Carthagen, formée d'une triple voûte à l'arc mauresque, que soutiennent de fines colonnettes. On éprouve, au premier abord, il faut en convenir, quelque désappointement : la cité célèbre est fort sale, principalement dans les quartiers indigènes et dans les quartiers juifs. Mais on s'y fait. Les voyages ont cela d'excellent qu'ils font revenir les touristes d'une foule de préjugés. Au surplus, la ville est grande, formant un carré long qui dessine un peu le croissant, et ayant environ deux lieues de circuit. Cette étendue explique l'incurie de ses édiles qui, en bons musulmans, n'aiment point rien déranger. Sa population est estimée à 160,000 habitants environ, dont 20,000 Européens, sur lesquels on compte 10,000 Italiens, 4,000 Maltais, 2,000 Français, et le surplus d'origines diverses. Les Juifs figurent pour 30,000. Le reste se subdivise en indigènes (90,000), en Maures (10,000), en Turcs (7,000), en Koulouglis (6,000), en renégats ou fils de renégats (2,000), en Mozabites (1,000). On conçoit que ce flot si complexe se sépare ; ses divisions, fort tranchées, sont aussi matérielles que morales. Tunis compte donc trois quartiers distincts : le quartier franc ou européen appelé Sidi-Morgiani, le quartier maure et le quartier juif.

Comme ensemble, la ville offre deux physionomies bien nettes, toutes les deux se faisant contraste : en bas sont les consulats, les cafés européens, les établissements modernes et la cité commerçante, comprenant les bazars arabes; en haut, un dédale inextricable de rues, de ruelles et de carrefours, n'ayant pas même de noms.

La porte de Carthage donne d'un côté sur la campagne, de l'autre sur le faubourg Bab-el-Souïka, de sa troisième arcade sur une rue étroite et puante conduisant à un cimetière musulman, où nous signalerons le tombeau de Sidi-Sfian, ce romanesque amant de dona Blanca de Bivar, celui que Chateaubriand a surnommé « le dernier Abencerrage! » M. Léon Michel affirme avoir rencontré à

Tunis un Français descendant, par suite de je ne sais quels avatars, de cette illustre famille, dont il subsiste, d'autre part du reste, quelques collatéraux méconnus en Espagne. Voilà une ironie cruelle du Destin ! Ce Français devait être un négociant quelconque en conserves alimentaires ! N'est-ce pas là le lot de nos compatriotes établis à l'étranger? Au bout du faubourg, on rejoint le Bab-el-Bahar, ou Porte de la Marine, non loin du débarcadère établi pour les sandales du lac. Le consulat de France, très luxueux et tout parisien, se dresse, *extra muros*, non loin de cette porte : c'est aujourd'hui le palais de notre ministre-résident. L'avenue qui le jouxte est bordée de maisons élégantes. Beau quartier en résumé, celui de la fashion locale, très agréable et très sain. C'est le quartier de l'avenir. Dans le même rayon, la gare française et la gare italienne de la ligne de la Goulette, les consulats des diverses puissances, les différentes administrations, la poste, le télégraphe, etc. De l'autre côté de la Porte de la Marine on rencontre immédiatement la place de la Bourse, régulièrement bâtie, et possédant une double ligne de maisons en arcades lui donnant un certain aspect monumental. De cette place partent deux grandes rues, l'une conduisant aux *souks* ou marchés, l'autre à la citadelle ou *Kasbah*.

La première, El-Souakh, est tumultueuse et agitée. Les costumes les plus divers, les cris, les gestes expressifs l'animent, lui donnant une physionomie vivante et passionnée. De loin, on entend ces clameurs, très analogues à celles qui s'échappent du péristyle de la Bourse de Paris. M. des Godins de Souhesmes a fort exactement rendu ce curieux tableau. « Il y a là, constate-t-il, de vastes places, où, tous les jours, se tient un marché qui dure jusqu'au soir. On y voit des gens de toutes nationalités, de tous costumes, Maltais, Français, Italiens, Arabes, Maures, partant, arrivant, circulant au milieu des chevaux, des ânes, des mulets, des chameaux.

« L'animation est telle qu'on ne peut que très difficilement fendre la foule des badauds qui s'entassent autour des boutiques, des dresseurs de singes savants, des jongleurs et des récitateurs. A chaque instant, on trébuche contre des individus étendus à terre, et l'on est coudoyé par une foule d'industriels de toute espèce : marchands ambulants, sales, déguenillés, dont le contact n'a rien de séduisant.

« De nombreux enfants indigènes vont et viennent, portant d'une main un verre de cristal et de l'autre une *gargoulette*, sorte de cruche en terre cuite, aux flancs rebondis, étroite du col et de la base, dans laquelle l'eau se conserve assez froide pour que ces gamins se permettent de crier en arabe : « A la glace ! Qui veut boire ? » Ce petit commerce est très productif, bien que la prudence conseille de ne prendre dans les pays chauds que des boissons tièdes. Mais résistez donc à la tentation, quand le soleil darde ses rayons de feu et lorsque le sirocco se fait sentir ! »

La rue qui monte à la Kasbah, très étroite, est très fréquentée. Le pavé y est des plus malpropres. Gare aux chutes ! Cela tient à ce que les Maltais et les Italiens refusent de contribuer à l'entretien de la voie publique.

Dans cette puanteur hideuse, on se croirait à Naples. Nous y avons mis le « holà ! » et le quartier, depuis notre occupation, se transforme. Néanmoins, le génie rectiligne de M. Haussmann aurait grand besoin de passer promptement par là. Quelles impasses et quels coupe-gorge ! Pourtant les maisons de ce quartier, au dire de ceux-là qui ont pu y pénétrer, valent mieux que leur extérieur. Au dehors, on dirait des geôles ou de repoussants lazarets. « Il ne faut pourtant pas, raconte le voyageur précité, les juger toutes sur leurs apparences du dehors, car l'intérieur est souvent d'une grande richesse, et la disposition du logis, bien qu'il n'ait qu'un étage, se prête amplement aux besoins de ceux qui l'habitent. Chaque maison possède non seulement sa cour, son puits, sa citerne pour les eaux pluviales, ses conduites par lesquelles les eaux grasses se déversent dans les égouts creusés sous la rue, mais encore des appartements appropriés aux goûts et aux mœurs des indigènes, ainsi qu'une terrasse où, le soir, on vient jouir des brises de la mer. » Il en est de même, du reste, en

Égypte. Le musulman hait l'apparat, de peur de paraître plus riche qu'il n'en a le droit, chose fort coûteuse dans les pays d'Orient : il prend sa revanche au dedans. Peut-être n'a-t-il pas absolument tort!

La rue traverse la grande place du Dar-el-Bey, palais de ville du souverain, dans lequel celui-ci reçoit les ambassadeurs et préside aux grandes cérémonies officielles. Quoiqu'il soit d'un merveilleux style mauresque, le prince n'y réside pas; peut-être est-il trop orné à l'européenne! Le bey s'y tient, pourtant, pendant le temps du Ramadhan; il habite alors un grand salon presque entièrement en cristal, qui permet de voir au dehors sans être vu. C'est là un chef-d'œuvre d'architecture unique. La Kasbah, du reste, est voisine, mieux appropriée et plus sûre. Cette dernière considération l'a emporté. Il faut bien connaître à fond cette forteresse pour ne pas s'y perdre, véritable ville percée de cours, de voûtes, d'arcades, de galeries, où l'on s'égarerait sans l'assistance d'un guide. Du haut de ses plates-formes, on domine toute la cité. L'œil s'égare jusqu'à Carthage. Extérieurement, cette citadelle constitue un vaste château de forme rectangulaire, entouré de hautes murailles crénelées, dont le revêtement est très dégradé. En réalité, cette résidence est assez mal entretenue. Depuis notre occupation, on y a fait quelques améliorations urgentes, et on en a reconstitué l'armement.

Le quartier le plus original est, sans contredit, celui

des mosquées : mais il est calme. On y sent encore une atmosphère religieuse et scholastique. Le va-et-vient continuel des ulèmas et des fidèles lui donne un caractère bizarre, qui tient tout à la fois du couvent et de la rue. Nous signalerons particulièrement la mosquée de l'Olivier (*Djama-el-Zitouna*), construite avec des matériaux provenant des ruines de Carthage et ornée à l'intérieur de magnifiques colonnes de marbre. C'est une bibliothèque importante. M. Henri Dunant affirme que Tunis, au commencement du xviie siècle, possédait trois cent cinquante mosquées. De nos jours, on en compte simplement une cinquantaine, se ressemblant toutes plus ou moins : elles offrent généralement des cours avec fontaine pour les ablutions, des voûtes nues supportées par des colonnes torses ou droites, des arabesques et des vitraux peints. En somme, là aussi le secret de l'art religieux semble s'être perdu. La foi diminuant, les artistes ont disparu, et les maçons les ont remplacés.

Telle est Tunis moderne. Au point de vue industriel et commercial, sa situation est bonne. Elle possède des tanneries, des établissements pour la fabrication du tabac, des usines pour celle de la glace, des minoteries, des briqueteries, de nombreuses manufactures de soieries, de lainages, de fez, de chachias, des fabriques de parfums, etc. Quant au commerce d'exportation, il a pour principal aliment les céréales, les huiles, les laines, les cuirs, les peaux, les essences. L'accroissement des routes et des chemins de fer dans la Régence, en faisant affluer vers Tunis les multiples produits de cette féconde région, donnera prochainement, tout le fait espérer du moins, une plus active impulsion au commerce, déjà considérable, de cette capitale.

Un dernier mot sur la population. Nous empruntons ici nos renseignements à l'excellent travail de M. le commandant Villot.

La masse de la population indigène a, comme les populations de Constantine, d'Alger et de Fez, des origines très différentes. On y distingue plus particulièrement les éléments provenant des massifs habités par les Berbères du voisinage ; mais l'élément arabe, l'élément nomade, l'élément saharien sédentaire (Souf, Thozeur, Nefta, Kairouan), y est aussi représenté. Les familles de ces provenances exotiques se sont fixées à Tunis depuis un grand nombre d'années, et leurs descendants font, aujourd'hui, partie intégrale de la population, bien qu'ils sachent à peu près tous les pays dont sont sortis leurs aïeux. C'est, du reste, un trait caractéristique chez les Orientaux, qu'ils connaissent et conservent avec respect les traditions familiales, bien que l'Islamisme n'admette pas la noblesse héréditaire. Ajoutons que beaucoup de portefaix sont originaires de Ouârgla et du Souf, régions situées dans nos possessions algériennes. Toute cette population est commerçante et manufacturière : elle est peu éclairée, fanatique, très superstitieuse, mais, au demeurant, facile dans ses relations, quand elle n'est pas surexcitée.

Les Juifs sont prodigieusement riches. Aujourd'hui, ils traversent cette période difficile du passage d'une servitude humiliante à l'émancipation inespérée. Aussi, ils confondent assez facilement l'insolence avec la dignité. Il y a quelques années à peine, ils ne portaient que des vêtements noirs ou marrons, leur turban était de couleur noire, et ils ne se seraient jamais permis de monter à cheval. A l'heure présente, ils tombent dans un excès de luxe qui n'est pas exempt d'intention provocatrice, et ils s'appliquent à multiplier leur activité bruyante les vendredis et les dimanches, jours consacrés au repos par les Musulmans et par les Chrétiens. Ils sont détestés, mais jamais ils n'ont été opprimés. Les quelques déprédations dont ils ont été les victimes étaient si régulières et si attendues, qu'elles avaient presque le caractère d'un tribut consenti. Du reste, ils ne supportaient aucune des charges de l'État, et, comme ils ont accaparé la banque, les finances, le haut commerce, et même les impôts, ils vivent dans une opulence extrême.

Les Européens résidants parlent tous l'italien. Au surplus, presque tous les Français de Tunis sont originaires du midi de la France. La religion catholique est celle de l'immense majorité de ces Européens. Parmi eux, il est bon de noter spécialement les Maltais, dont la piété est parfois agressive et turbulente. Par bonheur, l'éminent cardinal Lavigerie, dont un diplomate italien a dit fort justement qu' « il valait pour la France, en Tunisie, autant et mieux qu'une armée, » sait habilement réfréner à notre profit ces effervescences exubérantes.

Les Maures furent recueillis d'Espagne, au xve siècle, par les États Barbaresques. Dans la Régence de Tunis, on leur accorda de grands avantages. Aussi, on les y retrouve à peu près partout. Ce sont d'honnêtes gens, très doux, très policés, courageux. Ils continuent les industries de Cordoue, et sont réputés de fort habiles ouvriers. Ils sont généralement lettrés. Détail significatif : presque toutes les familles ont conservé les clefs des maisons que leurs aïeux habitaient en Andalousie. Ces reliques sont vénérées comme des talismans. Elles parlent aux enfants des gloires passées, peut-être même des espoirs secrètement entretenus.

Les Turcs, altiers et intraitables, sont hospitaliers, d'une grande droiture, et occupent encore des emplois importants, qui leur sont réservés. Certainement, ils sont supérieurs aux autres musulmans. Ceux-ci, par contre, les accusent de cruauté.

Les Koulouglis et les renégats participent aux qualités et aux défauts de leurs races d'origine. Les renégats sont peu estimés et, dit-on, très peu estimables. Quant aux Mozabites, ils sont à Tunis ce qu'ils sont en Algérie.

Le lecteur possède, maintenant, une esquisse suffisamment complète de la capitale tunisienne. Nous allons étudier ses environs, en reprenant la voie de terre, c'est-à-dire le chemin de fer.

II

La première station est celle du Bardo. Nous savons tous en France, aujourd'hui, que c'est dans cette résidence d'hiver des beys de Tunis que fut signé, à la date du 12 mai 1881, le fameux traité de protectorat dû à l'habileté persévérante de notre consul général, M. Roustan. Désormais la Tunisie complétait, géographiquement et stratégiquement, notre installation en Algérie ! Le palais, sorte de petite ville, est entouré d'un mur flanqué de tours et de bastions, plus un large fossé. Il est fort beau, très luxueux, digne d'être visité. On y entre facilement, surtout en l'absence du Bey, qui, pendant l'été, séjourne à la Goulette. Le palais du premier ministre le précède. On se rend de Tunis à cette résidence par le faubourg Souika et la porte Ali-ben-Zaouai, après avoir passé sous les arches d'un vaste aqueduc attribué aux Espagnols.

La Manouba ne se distingue que par sa caserne, ancienne maison de campagne d'Hamouda-Pacha, et par la Koubba de Lella-Manouba, tombeau très vénéré, puisqu'il a donné son nom au village. Aux environs se trouve la Mohammédié, ancienne résidence princière, abandonnée par suite de l'usage qui veut qu'on laisse, là-bas, s'en aller en poussière toute habitation où meurt le souverain.

CAFÉ DE LA MARSA (ENVIRONS DE TUNIS).

On avait trouvé sous les fondations de ce palais de nombreux tombeaux d'évêques de la Carthage du Bas-Empire, avec beaucoup de monnaies romaines.

Vient ensuite La Marsa, délicieuse agglomération de palais, de jardins et de villas appartenant aux consuls européens, aux seigneurs de la cour et aux riches habitants de Tunis. Située à 18 kilomètres de la capitale, c'est un des plus charmants buts de promenade que l'on puisse rêver. Là encore le Bey possédait un palais, également abandonné, mais remarquable par sa belle façade, son pavillon en saillie sur le premier étage, sa grande porte cintrée : on y avait créé un parc admirable, qui ne sera plus bientôt qu'un souvenir. La *Camilla,* où réside souvent le ministre de France, a hérité, par contre, de sa réputation ; le jardin qui précède ce somptueux séjour est digne d'exciter, du reste, la curiosité des touristes, et tous les étrangers le veulent visiter. Un joli café arabe, avec son élégante colonnade aux arceaux dentelés, ombragé par de grands arbres, partage cette faveur. Aux voyageurs dont le jarret est solide et que n'effrayent ni le soleil ni la poussière nous recommanderons une visite au village arabe de Bou-Saïd, qui s'élève, à 4 kilomètres de là, sur la pointe de l'ancien cap de Carthage, qui domine les ruines de la cité phénicienne, et d'où l'on jouit d'un splendide panorama.

La circulation est, on le conçoit, très active entre la Marsa et la capitale. « On ne voit, décrit encore M. des Godins de Souhesmes, qu'indigènes allant et venant avec leurs bêtes de somme, brillants cavaliers, nombreux équipages attelés de deux ou trois mules, Européens vêtus de toile blanche et coiffés du feutre ou du petit chapeau de paille, fonctionnaires et officiers en redingote ou en tunique, Maures richement costumés, allant faire le *kief* (sieste) ou se rendant en partie fine à la campagne. C'est le plus curieux mélange qu'on se puisse imaginer. » Parfois on rencontre le carrosse rose et or du bey. « C'est une voiture à six places, avec panneaux peints et magnifiques tentures ornées de broderies et de crépines d'or. L'attelage se compose de huit mules; les cochers, piqueurs, valets de pied portent la livrée en drap bleu clair soutaché d'argent. » Pendant ce roulement successif et bruyant d'hommes, de femmes et d'animaux de toutes sortes, à l'abri du soleil et de la poussière, partout où il y a un scrupule d'ombre, des groupes d'indigènes sont nonchalamment couchés le long du chemin, les uns endormis, les autres contemplant l'azur du ciel avec une philosophique béatitude; aucun d'eux, riche ou pauvre, n'échangerait sa paresseuse insouciance contre l'activité intéressée des riches, pour la fatigue desquels il n'a que du dédain. Un pareil tableau, tout d'originalité et de contraste, exigerait la palette lumineuse d'un Marilhat ou l'observation laborieuse d'un Fromentin.

Le village de l'Ariana et celui de Djafar terminent cette portion de la banlieue. Du haut de la colline du Belvédère, qui les domine, le touriste aperçoit, au nord-ouest, la plaine dans laquelle Charles-Quint battit l'un des frères Barberousse.

De la Marsa nous reviendrons plus au sud sur la Goulette, petite ville d'à peu près 4,000 habitants, fortifiée du côté de la mer, et qui sert de port maritime à Tunis. Elle possède quelques habitations élégantes, mais ses rues sont assez malpropres. Les Français ont déjà commencé, de même qu'à Tunis, à nettoyer sa voirie ; mais il sera difficile de mener promptement un pareil travail à bien, vu l'incurie naturelle des Musulmans en matière d'hygiène extérieure. Il serait bon aussi qu'on se préoccupât de creuser davantage le port, qui n'est qu'un simple canal de 12 mètres dans sa plus grande largeur et d'une profondeur maxima de 2 mètres 50, comme aussi de rendre le lac El-Bahira accessible aux gros bâtiments. Sur ce dernier point, on aura à vaincre la résistance des indigènes, lesquels considèrent l'envasement séculaire de cette belle nappe d'eau comme la meilleure défense de leur capitale. La ville, du reste, ne possède que de rares monuments dignes de ce nom : la Kasbah, les casernes, l'arsenal, la mosquée, la résidence d'été du bey, sorte d'immense châlet construit sur pilotis au bord de la plage. Toutefois, le commerce y est très actif.

Un peu au nord-est s'élève le palais de Khéreddine, puis un château fort de style oriental, enfin le harem d'été du bey, entouré de jardins. On arrive alors au collège Saint-Louis, bel établissement faisant face à la partie de la baie de la Goulette où stationnent les cuirassés des diverses nationalités. Les missionnaires catholiques français y donnent l'enseignement secondaire sans distinction de religion. On y admire une magnifique collection d'antiquités provenant des fouilles de Carthage. Au milieu du parc s'élève la chapelle Saint-Louis, érigée par Louis-Philippe sur l'emplacement même où le grand roi français vint camper et mourir en 1270. Bâtie sur un terrain dont le bey Ahmed voulut faire présent à la France et sur le lieu supposé du temple d'Esculape, la chapelle est un édifice gothico-mauresque, en pierre jaunâtre de Soliman et à forme octogone, dont M. Jourdain a été l'architecte. Dans une plate-forme circulaire et dallée, qui lui sert de plinthe, est taillé un perron sur lequel s'ouvre, dans un portail à pignon sculpté et à rosace blasonnée, une porte ciselée et armoiriée dans le goût de la Renaissance. L'intérieur, quoique bien peu étendu, ne manque pas d'élégance avec ses colonnettes élancées, ses vitraux aux vives nuances, son autel sculpté par un de ces ciseleurs musulmans qui transmettent de père en fils la tradition des arabesques de l'Alhambra, et surtout avec sa statue de Louis IX, en marbre des Pyrénées, œuvre du statuaire Émile Seurre, très noble et très simplement belle.

En 1882, le P. Delattre a découvert aux environs une splendide mosaïque. Des fouilles intelligentes, pratiquées de nouveau à cette occasion, ont mis à découvert de nombreuses richesses archéologiques non encore soupçonnées.

Le champ est vaste, du reste, pour les amateurs d'antiquités. Les ruines de Carthage s'étalent à côté, au pied de la colline de Byrsa, et elles sont loin évidemment d'avoir livré tous leurs secrets! Mais leur aspect est triste, rien n'y reste intact, tant chacun, dans le voisinage ou au delà, les a outrageusement pillées. Non seulement Tunis et la Goulette se sont édifiées à même ses historiques débris, mais encore les Génois y sont venus prendre sans vergogne les matériaux dont ils avaient besoin pour leurs palais et leurs églises ; même la cathédrale de Pise a été construite avec les marbres carthaginois. On en retrouve ailleurs, partout, toujours, sans compter ce qui reste, sans compter ce que l'Arabe pillard vole. Quand donc nous déciderons-nous à arrêter cet odieux trafic, à conserver ces vestiges splendides, qui sont le domaine du monde entier, non celui d'avides particuliers, pour le compte de l'État? Actuellement, il ne reste plus rien d'intact hors de terre, ni colonnes, ni cirques, ni théâtres, ni temples ; à part dix-huit citernes formant un square oblong qui, d'après M. Henry Dunant, mesure 450 pieds de long sur environ 120 de large, le touriste ne rencontre sur ses pas que des fragments sans valeur, que des épaves déshonorées. Il est grand temps de mettre un utile frein à ce vandalisme, que rien n'excuse, que tout condamne.

Au mois de novembre 1884, le pape Léon XIII a rétabli en faveur de M. le cardinal Lavigerie le titre primatial de l'archevêché de Carthage.

LA CHAPELLE SAINT-LOUIS A CARTHAGE.

CHAPITRE III

DE TUNIS A TRIPOLI (HAMMAMET. — L'ENFIDA. — SOUSSE. — MONASTIR. — MEHEDIA. — SFAX. — GABÈS. — ZARZIS)

I

De Tunis à Tripoli la distance est de 543 milles, ou de 1.005 kilomètres.

Le premier village en sortant de Tunis est Radès. Sa population est de 1,500 habitants, parmi lesquels un grand nombre de Maures. La situation stratégique en est importante : située au fond du golfe de Tunis, elle commande les routes qui de la presqu'île du cap Bon vont gagner la capitale. On croit qu'elle fut prise par Régulus, ce qui mène à conclure que l'oued El-Kebir, qui l'arrose, n'est autre que le *flumen Catada* des Romains, et Radès elle-même l'antique *Adis*. Aujourd'hui cette place, assez bien fortifiée, domine un pont sur lequel passent les routes de

Sfax, de Sousse et du cap Bon. Cinq kilomètres plus loin, la voie ferrée franchit l'oued Miliana, à Meliane, l'ancienne *Catada*. Un peu plus à l'écart encore se trouve Hammam-el-Lif, célèbre station d'eaux minérales déjà renommées à l'époque romaine, ce qui explique les ruines des environs, notamment celles de thermes. Le Bey y possède une vaste maison de plaisance pour ses femmes, pendant la belle saison. La petite ville s'aligne coquettement au bord de la mer, au pied du Djebel-Bou-Karnin. Ses baigneurs annuels lui assurent un rassurant avenir, à tel point que M. L. Journault n'hésite pas à l'appeler le « futur Trouville de Tunis ». Pourquoi pas? Il est à souhaiter que les Européens riches et blasés, sans cesse en quête d'émotions et de perspectives nouvelles, confirment ce présage, dont notre protectorat ne peut que profiter.

Traversons, sans nous y arrêter, la jolie petite ville de Soliman, la pittoresque Hammam-Kourbès (l'*Aquæ calidæ* des Romains), autre cité thermale en renom, près Sidi-Daoud, près des importantes ruines de *Misua*. Nous doublons le cap Bon et nous atteignons Kélibia, l'antique *Clypea*. C'est là que débarqua Régulus. Au reste la presqu'île du cap, de 12 à 15 lieues de large, renferme un nombre considérable de belles ruines romaines. On y voit aussi de nombreuses et vénérables carrières, jadis exploitées à ciel ouvert, et dont parle Strabon. La ville contient 1,200 habitants; elle est fortifiée. En descendant vers le sud, nous rencontrons successivement Menzel-el-Temine, entourée d'oliviers, et dont la plaine est fertile et bien cultivée, Menzel-el-Hour, Oum-Douil, Bir-Messaoud et Kourchine, villages plus ou moins peuplés. Kourba vient ensuite. Cette petite ville de 2,000 habitants, assez commerçante et ceinte d'un mur bastionné, est l'ancienne *Julia Carulis*. On y voit les vestiges d'un aqueduc, de citernes et d'un pont d'origine romaine. De là on gagne Nébeul ou Nabel (6,000 habitants), autrefois très prospère, encore commerçante et industrieuse. C'est l'antique *Neapolis*. Elle possède de nombreuses mosquées et Zaouïas. Plus au sud-ouest s'élève Hammamet.

Hammamet ne compte guère que 3,000 habitants, et son port est médiocre. Elle est bâtie à l'extrémité d'une langue de terre qui s'avance dans la mer, et resserrée du côté opposé par un vaste lac d'étendue variable, suivant l'abondance des pluies. Son mur d'enceinte, assez régulier, est flanqué de tours carrées. Elle possède une Kasbah assez forte, qui constitue à peu près sa seule curiosité. Elle est entourée de très beaux jardins, mais le sable la menace. Dans ces environs sont enterrés une foule de Santons (marabouts) célèbres : leurs coupoles, très vénérées, sont visitées par de nombreux pèlerins.

MM. Cagnat et Saladin nous ont donné de cette localité une description charmante. « La ville est située au fond du golfe auquel elle a donné son nom. Quand le temps est calme, quel délicieux séjour! La ville contraste par la blancheur de ses murs avec l'azur sombre des flots. Quelques barques de pêche ou de commerce se balancent dans la baie; les jardins qui s'étendent à l'entour sont remplis d'arbres odorants : orangers, jasmins, rosiers. L'olivier, l'amandier, le caroubier y abondent, et les tourterelles, qui aiment à s'y réfugier, remplissent l'air de roucoulements plaintifs. Du haut de la Kasbah, qui est située au sud-ouest de la ville, on jouit d'un magnifique coup d'œil. D'un côté, on a à ses pieds toutes les maisons; sur les terrasses blanches sont souvent suspendues des étoffes aux couleurs brillantes qui flottent au gré du vent et prennent au soleil des tons plus éclatants encore; à sa gauche, on voit s'étendre les jardins avec leurs verts de toutes les nuances; enfin, si l'on se retourne, on aperçoit, aussi loin que l'œil peut percer, la mer calme et bleue et, tout à fait à l'horizon, la petite ville d'Hergla qui s'avance dans les flots. Nabel même, la Naples tunisienne, malgré sa renommée ne l'emporte pas, à notre avis, sur Hammamet ».

Pour gagner Sousse, on suit le littoral; mais la route est assez monotone : la végétation disparaît, et des ruines romaines seules en rompent l'uniformité. On obliquera, cependant, un peu à droite pour visiter l'Enfida, après avoir passé au pied du Kasz-Mnara, sorte de mausolée circulaire de 15 mètres environ de diamètre sur 10 mètres à peu près de hauteur, quelque chose d'analogue au tombeau de Cœcilia Metella ou à celui de la famille Plautia. L'Enfida est un immense domaine de 150,000 hectares, qui commence un peu avant Bou-Ficha et qui s'étend à l'est jusqu'à la mer, à l'ouest jusqu'à la chaîne de montagnes qui limite la plaine, comprenant un territoire des plus fertiles, assez humide en hiver, mais par cela même plus propre à la culture des céréales. D'après M. de La Berge, la population agricole de cette vaste exploitation est de 15,000 indigènes. On sait comment le général Kereddine, en quittant le ministère, la vendit à la Société Marseillaise pour le prix modique de 2,500,000 francs, quelles subtilités judiciaires le juif Lévy, instrument des jalousies locales, opposa à la Compagnie, et de quelle façon cette dernière obtint enfin gain de cause. L'Enfida mérite la visite des agronomes et des touristes. Depuis 1882, on y a installé de magnifiques haras. Le domaine est terminé au sud par l'oued Boul, qui se jette dans une grande lagune bordant la côte.

Sur tout le littoral que nous venons de longer depuis Hammamet nous ne rencontrons rien qui mérite d'être signalé, sauf les ruines de Henchir-Sidi-Khalifa, l'antique *Aphrodisium*. On y remarque un arc de triomphe, large de 10 mètres environ, d'un effet assez puissant, quoiqu'il soit d'une basse époque. Du palais du roi des Vandales décrit par Procope il ne reste plus que d'insignifiants débris, comme aussi de l'immense forteresse qui dominait au loin la plaine et la mer. Cependant, on reconnaît encore les traces d'une église et celles d'un amphithéâtre. Dans tous les cas, il est incontestable que là, comme par toute la Tunisie, les ruines romaines ont été détruites méthodiquement et qu'on a, pour ainsi dire, brisé leurs pierres une à une.

Hergla, l'antique *Horrea Cœlia*, n'est point à deux journées d'Hammamet; c'est une station plus utile qu'agréable. « Au loin, constatent MM. Cagnat et Saladin, elle est d'un aspect charmant; située sur un petit promontoire, la ville est entourée de trois côtés par de forts beaux jardins. A l'est, elle est baignée par la mer, et lorsqu'on arrive par le nord on n'aperçoit d'abord qu'un grand point blanc qui brille entre deux bandes, l'une verte et l'autre bleue. De près, l'enchantement disparaît; on n'a devant soi que des maisons ruinées ou mal bâties, des rues pleines de poussière par un temps sec et que les pluies convertissent en bourbiers. Les jardins seuls conservent un véritable charme. Séparés les uns des autres par des haies de cactus qui y rendent les promenades assez difficiles, ils sont remplis d'oliviers de belle venue. » Quant à la ville ancienne, il n'en reste presque plus rien.

On arrive enfin à Sousse. La cité, très élevée à droite, descend par une pente insensible vers la mer. Ses murailles crénelées, interrompues de distance en distance par des tours carrées, sont blanchies à la chaux et donnent à cette enceinte un aspect neuf qui étonne. Sousse n'est autre, en effet, que l'ancien *Hadrumetum*. Elle compte aujourd'hui 8,000 habitants, dont 600 Maltais ou Siciliens. C'est une des places les plus importantes et les plus riches de la Tunisie. Coquettement assise sur sa colline s'avançant en forme de promontoire dans la mer, elle présente, vue du large, l'aspect de toutes les villes arabes bâties en amphithéâtre. Ses maisons, badigeonnées à la chaux, sont d'une éclatante blancheur et, de loin, paraissent superposées les unes aux autres. Çà et là apparaissent dans l'intérieur quelques rares palmiers, dont les touffes verdoyantes égayent agréablement la monotomie du paysage. Tout au-dessus plane la Kasbah, assez forte. Du côté de la mer, une batterie rasante complète la défense.

Le climat, quoique d'une chaleur très élevée et très sèche, est un des plus sains de la Régence. A cet avantage se joint la possession d'une des plages les plus magnifiques qu'on puisse voir, et telle que nous n'en connaissons pas d'analogue en France, pas plus sur la Méditerranée que sur l'Océan ou la Manche. Le sable qui la forme, examiné à l'œil nu dans le creux de la main, présente une quantité de molécules tenues brillant au soleil. C'est du sel mêlé au sable, probablement dans la proportion d'un cinquième, ce qui ne doit pas étonner quiconque connaît la température du pays. Les vagues, en venant expirer sur le rivage, perdent leur eau, qui s'évapore presque instantanément, pendant que le sel se dépose en couches abondantes sur le sol. N'était le grand inconvénient de la mer à franchir et de la distance de Marseille et de Toulon à Sousse, cette ville paraît satisfaire à toutes les conditions requises pour une excellente station de bains. Les environs sont pittoresques, mamelonnés, couverts d'oliviers et parsemés de tombeaux et de ruines romaines. A quelques kilomètres de là se trouvent même les restes imposants d'un vaste colysée qui, à lui seul, mérite une excursion. Malheureusement, il n'y a pas de port à proprement parler, mais simplement une rade assez vaste, protégée, du côté du nord, par une petite jetée, ce qui est insuffisant.

A cela près, la ville est très commerçante. En 1881, elle avait exporté 50,000 tonnes d'huile produite par les environs. On peut faire mieux. L'huile est la base de la richesse de cette région. De Gabès jusqu'au nord de Sousse, sur une longueur de 200 kilomètres et une largeur de 40, toute la côte est bordée d'oliviers. Pour donner une idée de la quantité d'huile exportée, nous dirons que, à la date précitée, le représentant d'une seule maison de Marseille a expédié de Sousse, en huit mois, pour cette maison jusqu'à 10,000 tonnes de grignons d'olives, c'est-à-dire du résidu, du tourteau qui reste après l'expression des olives.

La côte produit aussi beaucoup de blé, mais peu de vin,

quoique le sol soit éminemment favorable à la culture de la vigne, les Musulmans de Sousse se piquant d'observer les préceptes du Coran. L'alfa contribue, pour une bonne part, à la richesse des habitants : une Société anglaise est devenue concessionnaire d'une immense étendue de terrain sur la côte et en exporte pour la fabrication du papier des quantités énormes. L'industrie n'est pas, non plus, négligée. Les tapis de Sousse peuvent rivaliser avec ceux de Kairouan et de l'île de Djerba pour la richesse, la variété, la solidité des couleurs, la pureté et la finesse de la laine. D'après nous, ils sont même, en leur genre, supérieurs à ceux de Smyrne, de Perse et du Kurdistan. Ce sont les Arabes qui les fabriquent eux-mêmes avec la laine vierge de leurs moutons et le suc des plantes tinctoriales qui croissent sur la côte et aux environs, qu'ils expriment savamment. Par malheur, ces produits si beaux ne sont pas connus ou appréciés en France : en revanche, les Anglais, fins connaisseurs en la matière et très pratiques, s'en font expédier par quantités en Angleterre. Citons encore le commerce des éponges, des dattes, des burnous, enfin celui des essences de rose et de jasmin. « Le prix de ces essences, d'après les docteurs Rebatel et Tirant, vendues surtout à Tunis et à Constantinople, est assez élevé, même sur les lieux de production. Une once (30 gr.) d'essence de rose première qualité ne coûte pas moins de 110 à 120 francs. La même quantité d'essence de jasmin vaut 225 francs. Il faut, il est vrai, près de 100 kilogrammes de fleurs de roses et 250 de fleurs de jasmin pour obtenir cette quantité d'huile essentielle. »

Sousse possède un grand nombre de mosquées, réputées par leur beauté et par l'illustration des saints marabouts qui y sont enterrés. Le reste des édifices, sauf la tour de l'Observatoire et le café du Dôme, installé dans une ancienne basilique byzantine, ne mérite aucune mention. La ville antique contient encore un château carré byzantin, flanqué de huit tours, plus d'innombrables débris aussi consciencieusement mutilés que partout ailleurs.

II

A 20 kilomètres environ de Sousse on rencontre, au sud, Monastir, l'ancienne *Ruspina* des Romains, le *Ribat* de l'historien musulman El-Bekri. C'est une gaie et pittoresque cité de 8,000 âmes, entourée d'un mur crénelé et flanqué de tours carrées. Il y existe une dizaine de mosquées, en assez bon état. Le mouillage est un des meilleurs de la côte. Le commerce de l'huile, moins important qu'à Sousse, est encore très considérable. La région est fertile. En face sont trois îles curieuses : Kouriat, ou île des Pigeons; Conighera, ancienne pêcherie de thon; et l'île du Milieu, ou Ile de la Quarantaine. « Cette île, dit M. Victor Guérin, est percée d'une cinquantaine de grottes artificielles ou chambres carrées, hautes de 2 mètres et mesurant pour la plupart 2 mètres 50 sur chaque côté. Le long des parois latérales, de petites niches ont été pratiquées. Là devaient être placées des lampes destinées à éclairer ceux qui habitaient ces grottes, ainsi que les divers objets ou ustensiles qui servaient à leurs besoins. »

Un peu au sud de Monastir, vers le cap Dimas, gisent les ruines de *Thapsus*. C'est là que César vainquit Scipion. Le village actuel compte 500 habitants. Le territoire environnant est très fertile. Plus bas on rencontre Mokennina, petite ville de 4,000 âmes, aux abords d'un assez vaste lac.

Mehedia (3,000 habitants) occupe l'emplacement de la célèbre *Turris Annibalis*. Cette ville, jadis prospère, n'a plus que des murs ruinés, des rues solitaires et mal tenues. Les mosquées tombent en ruine. On y voit des batteries en mauvais état et une Kasbah médiocre. Au reste, elle fut démantelée au XVIe siècle par ordre de Charles-Quint, ce dont elle ne s'est pas encore relevée. Son port est presque complètement ensablé. Elle fait surtout commerce d'huile d'olive. Aux environs, on remarque de nombreux tombeaux phéniciens creusés dans le roc.

Jusqu'à Sfax, la côte est couverte de bois d'oliviers, qu'interrompent de nombreuses ruines romaines.

Sfax, la seconde ville de la Régence, comprend à peu

près 30,000 habitants. On assure que son enceinte fortifiée coûtait, avant notre protectorat, 100,000 piastres d'entretien par an. Il est vrai que la cité a toujours été bien entretenue, et que sa Kasbah, qui domine la place, était alors pourvue d'une artillerie passable. Cette exception honorable devait, nécessairement, être payée cher. C'est, du reste, le centre le plus important du sud de la Tunisie et le grand dépôt du Djérid. Son commerce consiste principalement en huiles et en éponges. La rade et le mouillage sont passables pour les petits navires, mais les hauts-fonds de sable la rendent inabordables aux gros vaisseaux, qui sont obligés de se tenir à environ 2 kilomètres au large. C'est l'historique *Syrte*, si redoutée des anciens : aujourd'hui, nos marins la redoutent peu.

La ville se subdivise en deux cités délimitées par une enceinte particulière : la ville haute ou musulmane, et la ville basse ou franque, qui avoisine le port. Tout autour s'étend un rempart crénelé, flanqué de tours, les unes rondes, les autres carrées, et percé de cinq portes. La Kasbah, dont les murailles sont très épaisses, est pourvue de canons fort anciens. La haute tour de l'Observatoire (*El-Nadour*) domine la place ; de son sommet se déroule un splendide panorama sur Sfax, la vaste zône de jardins qui l'environnent et le golfe de Gabès jusqu'aux îles Kerkena, qui bornent l'horizon à l'est.

De la ville musulmane, où l'on compte cinq mosquées,

plusieurs zaouias et trois médressés, on descend par une pente assez douce dans le faubourg franc, où l'on rencontre une église catholique et une synagogue. Ce faubourg est protégé par deux batteries, dont la plus importante est appelée batterie de la Quarantaine.

Sfax manque de fontaines ; l'eau qui alimente la ville proprement dite provient des citernes particulières que possèdent chaque maison et chaque édifice public. Il y a, en outre, en dehors des remparts deux immenses réservoirs appelés *Feskias*, situés à dix minutes au nord, et, plus près des murs, une vaste enceinte mûrée, le *Nasria*, qui contient plusieurs centaines de citernes distinctes, fondées et entretenues par des legs pieux.

Les jardins qui avoisinent la ville, au nombre d'à peu près dix mille, d'après M. Chauvey, forment autour d'elle une ceinture verdoyante. Ils consistent en une infinité d'enclos séparés les uns des autres par des haies de cactus, et ils sont couverts de céréales, ainsi que d'arbres fruitiers de toute sorte. Un bordj, ou habitation carrée, s'élève au centre de chacun de ces jardins, que l'on arrose au moyen de puits. C'est là, au milieu des bois d'oliviers, de palmiers, d'orangers, que les Sfaxiens viennent passer la saison des grandes chaleurs. On y cultive en abondance un jasmin très odoriférant, des melons et des concombres dits *Sfakous*. Ces derniers jouissent d'une grande renommée dans la Régence. On prétend même qu'ils ont valu à

Sfax son nom actuel, qui signifie en arabe : « la ville des concombres ». Toutefois, cette étymologie mérite une controverse.

Une école française a été établie à Sfax, avec un plein succès. Du reste, on constate partout chez les indigènes un grand empressement à profiter des moyens d'instruction que nous leur offrons, ce qui est du meilleur augure pour l'avenir de notre influence dans ce pays.

Notons, en passant, le petit fort de *Thomœ*, plus au sud, où commençait un fossé de délimitation entre la province d'Afrique et le royaume de Juba. « Ce fossé de délimitation, remarque justement M. le commandant Villot, nous rappelle celui qui bornait le domaine de la France aux portes d'Alger, dans les commencements de la conquête, après un traité fameux, quoique peu honorable. » Les traités qui ont suivi ont effacé ce fâcheux souvenir.

En face, séparées par un détroit de 34 kilomètres, on aperçoit les deux îles Kerkena. Ce sont la *Cercina* et la *Cercinitis* des anciens. Là se réfugia Marius, là Auguste exila Sempronius Gracchus. Mais qui donc se rappelle ces grands hommes aujourd'hui? Nous en avons connu et oublié tant d'autres! Le climat de ces îles est délicieux, leur sol très fertile, leurs abords d'une pêche abondante. D'importantes ruines romaines et quelques curieuses citernes méritent d'y attirer l'attention des voyageurs.

Un peu plus bas, on trouve Maharés, pauvre village de

700 habitants, l'antique *Macomades Minores*, avec une vieille forteresse d'origine sarrasine qui, seule, le recommande au touriste. Ce petit centre perdu gît au milieu de steppes arides et uniquement propres aux pâturages quand les pluies tombent en abondance, ce qui est bien rare en ces contrées. Les habitants fabriquent des nattes et divers objets de sparterie.

III

Gabès est une confédération de petites oasis, très peu distinctes les unes des autres et entourées d'admirables jardins dont tous les voyageurs ont à l'envi célébré la beauté et la fécondité. Cette partie de la Tunisie porte la désignation générique d'Arad; on lui donne aussi quelquefois le nom de Bibans, pour indiquer les nombreux canaux qui portent les eaux du chott voisin à la mer. L'oued du même nom alimente toutes ces oasis : malheureusement, son embouchure forme, jusqu'à présent, une baie ouverte à tous les vents et dont l'entrée est fort dangereuse. Mais le gouvernement français va remédier à cet inconvénient avant peu, du moins il faut l'espérer.

C'est en ce point, en effet, que M. le colonel Roudaire, récemment décédé, a voulu ouvrir un passage à sa fameuse « mer Intérieure », dont l'opportunité soulève encore actuellement tant de controverses scientifiques. Il semble que cette plage, inabordable aux plus petits navires à cause de ses hauts-fonds de sable, soit vouée décidément aux entreprises les plus osées. L'antiquité y a accumulé ses légendes, depuis la captation des compagnons d'Ulysse par la mystérieuse plante du lotus, jusqu'à l'expédition de Jason. Le moyen âge s'est borné à exploiter Gabès et les îles voisines dans ses fantastiques romans de chevalerie. Mais notre époque a voulu, refaisant la nature, enchérir sur le passé, et des auteurs sérieux comme Pellissier de Reynaud ont vu les traces de la légendaire *Atlantide* dans ces contrées sablonneuses. Surprise pour surprise, nous préférons le gigantesque projet de M. Roudaire. Nul n'ignore aujourd'hui en quoi il consiste. Nous le résumons donc sommairement.

On sait qu'il existe, au sud de la province de Constantine, de vastes dépressions qui se font sentir non loin de la ville de Biskra, et que les indigènes appellent *chotts*. Les chotts, situés, en moyenne, à 25 mètres au-dessous du niveau de la Méditerranée, sont recouverts de concrétions salines qui ne peuvent incontestablement provenir que d'une évaporation ancienne des eaux de la mer. L'histoire est d'accord sur ce point avec de récentes études géologiques, qui ont montré jusqu'à l'évidence que d'immenses plaines avoisinant le Sahara étaient autrefois baignées par la Méditerranée : Hérodote et Pline, notamment, mentionnent, à diverses reprises, un golfe s'avançant, en cette région, profondément dans les terres et qu'ils désignent sous le nom de *Triton*. Il est vraisemblable que, à une époque qui ne paraît pas remonter au delà de dix-huit siècles, ce golfe s'est desséché à la suite du soulèvement du seuil de Gabès, qui l'a violemment séparé de la mer. Le projet de M. Roudaire consiste, précisément, à remettre en communication le golfe actuel de Gabès avec les chotts Melrir et Rharsa au moyen d'un long canal longeant le nord du chott Djérid. Cela assainirait, en même temps, ces régions marécageuses, sans compter toutes les conséquences heureuses de cette infranchissable barrière liquide opposée aux envahissements croissants des tribus nomades du Sahara. L'idée de cette nouvelle mer Intérieure a rallié à sa cause, en dépit des oppositions les plus vives, des personnalités d'une autorité incontestable : M. Yvon-Villarceau, M. d'Abbadie, M. de Freycinet, M. le général Favé, M. de Lesseps. La mort n'a point permis à M. Roudaire de jouir de l'achèvement de son œuvre. Mais cette œuvre, très probablement, ne périra pas par suite de sa disparition. M. le commandant Landas en a repris la continuation. Actuellement, une commission d'ingénieurs et d'hydrographes étudie définitivement le moyen de créer à bref délai un port sûr dans la baie de Gabès, à l'embouchure de l'oued Melah, où s'amorcera le futur canal qui doit établir une communication navigable entre la Méditerranée et les chotts.

Cette mission s'occupe, en outre, du creusement de puits artésiens et du tracé d'une voie ferrée, dont la construction est reconnue nécessaire.

Au sud du golfe de Gabès se dresse l'île de Djerba, très bien cultivée et habitée par plus de 45,000 Berbères schismastiques, qui se rapprochent des Mozabites pour le rite religieux et les mœurs. Elle est très riche, couvertes d'admirables jardins et bois d'oliviers. Cette dernière essence y atteint des proportions colossales. L'industrie des tissus y est très prospère : les tissus de soie, laine, coton et or sont fabriqués par les femmes et d'une grande finesse. Djerba conte sept ou huit villes importantes. Jadis elle fut possédée par un aventurier napolitain, et on y voit encore quelques établissements chrétiens. Dans tous les cas, sa position géographique au sud de la Tunisie, à quelques pas de la Tripolitaine, lui donne une importance stratégique considérable. Elle serait un des joyaux de la Méditerranée si elle possédait un port : mais on ne peut songer à lui en donner un, car la mobilité du fond de la mer est telle qu'il serait impossible de créer un canal durable dans un terrain aussi mou et aussi inconsistant.

Au sujet de cette île, M. Gabriel Charmes fait les très judicieuses réflexions suivantes : « La population indigène riveraine du golfe de Gabès et les habitants de l'île de Djerba, ainsi que de la frontière occidentale de la Tripolitaine, appartiennent à la secte des Wahabites, que nous avons entièrement dans la main, grâce au Mzab algérien, qui en est le centre religieux. Protégés par nous de-

FEMME DE TUNISIE.

puis la conquête, nous inspirons aux Wahabites une confiance sans rivale; aussi ont-ils accueilli nos paquebots avec enthousiasme. Il existe à Tripoli une véritable colonie de Djerbiens, qui, naturellement, entretiennent des relations suivies avec leur pays d'origine. Il serait très facile d'étendre et de développer ces relations entre la Tunisie et la Tripolitaine, toutes deux arabes, toutes deux placées dans les mêmes conditions économiques. Dès que les haines actuelles seront effacées, les rapports deviendront constants. La nature des choses les rendra inévitables. » Il est incontestable que les Wahabites de Djerba nous seront d'une incontestable utilité pour une œuvre générale d'apaisement d'abord, pour une œuvre solide de commerce ensuite.

Au sud de l'île, à El-Kantara (l'ancienne *Meninx*), on rencontre un champ de ruines, long de 3 kilomètres, où MM. Salomon Reinach et Babelon ont pu recueillir, au commencement de 1884, et photographier une quinzaine de statues en marbre de couleur et de grandeur naturelle, datant probablement du IIIe siècle. Ces ruines sont peut-être, de toute la Tunisie, celles où l'on trouve le plus de marbres de prix. Quelques fûts de colonnes, en antique rouge et vert, ont près d'un mètre de diamètre sur cinq ou six mètres de longueur.

A Bou-Ghera (ancienne *Gightis*), sur la côte tunisienne, vis-à-vis de Djerba, MM. Reinach et Babelon ont également déterré beaucoup d'inscriptions, trois statues de magistrats romains et une belle tête d'Auguste voilé en pontife.

De même à Zian (ancienne *Ciparea*), localité jusque-là inexplorée et située entre Métameur et Zarzis, ils ont encore pu déblayer un forum entouré de grands portiques et découvrir plusieurs autres objets importants. C'est à donner envie de se faire archéologue !

Zarzis, notre extrême possession sud dans la Régence, est un petit village maritime, situé à quelques kilomètres de la Tripolitaine, dans la région des nomades, non loin du territoire des Ourghemma. Ce point de la frontière est assez mal défini, ce qui facilite les razzias des tribus indisciplinées du désert. Le pays est, du reste, fertile et sain, et il n'y manque ni l'eau ni l'ombre. On y a installé récemment une petite garnison, d'ailleurs très nécessaire. De plus, l'agent télégraphiste de cette localité a été revêtu, en même temps, du titre de consul, ce qui lui permet de faire plus sérieusement respecter ce poste.

Après Zarzis, on entre en Tripolitaine.

CHAPITRE IV

DE TUNIS A BÔNE PAR LA MER (PORTO-FARINA. — UTIQUE. — BIZERTE. — ILE GALITE. — ILE TABARCA. — LA KHROUMIRIE)

De Tunis à Bône la distance est de 306 kilomètres.

Après avoir dépassé la chapelle Saint-Louis, les ruines de Carthage, la Marsa et le cap Kamart, on aperçoit l'embouchure de la Medjerdah, l'ancien *Bagradas*, qui traverse le lac marécageux Ghar-el-Melah, et, après avoir laissé à droite l'île Plane (ancienne *Corsura*), on arrive devant Porto-Farina.

Rhar-el-Melah ou Porto-Farina (ancienne *Ruscinona*), grosse bourgade de 800 habitants, serait un assez bon mouillage si son port était fortement dragué et agrandi. On y voit un arsenal assez mal entretenu. La place fait un commerce considérable de céréales. Au delà se voit le promontoire de Ras-Si-el-Mekki, autrefois promontoire d'Apollon.

C'est un peu au sud, sur la rive gauche de la Medjerdah, que le touriste devra relever le misérable village de Bou-Chater, tout ce qui reste de l'ancienne *Utique !* Ces ruines n'offrent plus guère aujourd'hui que des vestiges informes, couverts de broussailles et de hautes herbes. Pourtant, on peut y retrouver encore les traces de l'acropole, d'un théâtre et d'une basilique. Quant au port, les alluvions charriées par l'oued en ont fait disparaître tout souvenir. A l'est se dressent les hauteurs de Kalat-el-Oued (ancienne *Castra Cornelia*), emplacement des camps de Scipion. A part ces infimes débris, « la nature, comme le constate M. Villot, dans son travail indifférent et éternel, a tout comblé. »

Au-delà de Porto-Farina on dépasse successivement la petite ville de Ras-el-Djebel, le cap Zebib, qui n'est autre que le *Promontorium Pulchrum* des Romains, en face duquel émergent les cinq îles rocheuses d'El-Kelb, et le village de Menzel-el-Djemil. A deux kilomètres plus loin est bâtie Bizerte.

Bizerte, l'antique *Hippo Zaritus,* peuplée environ de 5,000 habitants, s'arrondit en étage sur le versant d'une colline verdoyante. Vue du large, son aspect est charmant. Un mur d'enceinte bastionné, de 10 mètres de hauteur et percé de quatre portes, quatre batteries de côtes et le fort de Sidi-Salem, qui se dresse au nord au-delà du faubourg des Andalous, la protègent, mais contre un simple coup de main, car ces défenses sont fort délabrées. Deux canaux, dont le principal a 29 mètres de large, traversent la ville et font communiquer le lac du même nom avec la mer. Entre les deux canaux se trouve le quartier européen, relié à la cité par un pont.

Le lac (anc. *lacus Hipponitis*), à peu près rectangulaire, forme un magnifique bassin intérieur. D'après M. O. Niel, il mesure 12,500 mètres de l'ouest à l'est et 9,700 mètres du nord au sud. Sa profondeur ordinaire varie entre 9^{m}50 et 12^{m}80 ; sur les bords, la profondeur n'est plus que de 5^{m}50 à 3^{m}70. Il est surtout remarquable en ce qu'on y constate le flux et le reflux.

Un oued le fait communiquer, dans la direction sud, avec le chott Echkheul, dépression boueuse traversant des terres argileuses, qu'il entraîne avec lui dans les crues d'hiver et qui lui donnent une couleur jaunâtre. Les deux lacs, prétendent les Arabes, se fécondent réciproquement. On n'ignore pas, en effet, que les Sebkha sont qualifiées par des dénominations mâles et femelles de la part des indigènes : ceux-ci affirment que leurs eaux doivent se mêler pour que le sel soit produit. Le même fait est remarqué, du reste, dans le lac des Zmouls, entre Batna et Constantine. Explique qui voudra ce fait, nous nous bornons à le noter. Quoi qu'il en soit, les deux lacs d'Echkheul et de Bizerte sont très poissonneux : en particulier, on y pêche des mulets fort recherchés à Tunis.

La rade est abritée des vents d'ouest et de nord-ouest ; un cuirassé peut approcher assez près du rivage, car on y mouille par des fonds de 14 à 16 mètres. Cependant le port proprement dit, jadis l'un des meilleurs de la Méditerranée, est aujourd'hui ensablé et ne reçoit que des navires d'un faible tirant d'eau. Mais le lac pourrait facilement être converti en un des plus beaux ports du monde. Egalement à portée du Maroc, de Malte, de l'Italie et du canal de Suez, sa situation est unique en son genre. Les Romains l'avaient bien compris avant nous ! « Tout le monde sait, a écrit M. Gabriel Charmes, que le lac de Bizerte forme un superbe bassin, où tiendraient sans peine plusieurs flottes si on en rendait l'entrée facile et si on le protégeait par une digue contre les vents du large. Est-ce une entreprise aisée et peu coûteuse ? Est-ce au contraire une œuvre dispendieuse qui engloutirait des millions ? Ce qu'il y a de certain, c'est que ce port, si l'on l'exécute, ne sera qu'un port militaire, à la vérité le plus beau et, avec Malte, le plus important de la Méditerranée. Comme port de commerce, il n'aurait pas beaucoup d'avenir. Ce serait notre Toulon africain ; mais Tunis doit devenir notre Marseille. » Soit ! Il n'en est pas moins vrai que la position stratégique de Bizerte impose à notre protectorat le devoir d'aviser à d'urgents et prompts travaux. Comme le constatait le voyageur anglais Playfair, entre les mains d'une puissance européenne la place doit devenir un des ports

les plus beaux et les plus forts du bassin méditerranéen.
« Une dépense relativement peu considérable, ajoute-t-il, suffirait pour créer ce port, admirablement abrité et contenant une surface de 80 kilomètres carrés d'ancrage pour les gros vaisseaux. » Jusqu'à présent, notre protectorat s'est borné à y élever deux feux, l'un rouge et l'autre vert.

L'industrie de la ville est peu importante, mais les environs, d'une fertilité exceptionnelle, offrent d'immenses ressources au point de vue agricole.

Nous franchirons les caps d'El-Abiod, El-Keroun et Doukara. En face de ce dernier, nous apercevons l'île de la Galite, qui mesure environ 3 kilomètres de long et où l'on trouve d'excellentes sources. Elle est flanquée de deux îlots rocheux, ses satellites, nommés Galitons. Vient ensuite le cap Serrat, qu'avoisine le groupe des Fratelli, jadis les *Neptuni Arœ*. Puis, c'est le cap Négro et l'île de Tabarca.

Tabarca n'est pas seulement un site ravissant, c'est de plus une position importante. C'est la clef de cette région montagneuse et insoumise où, depuis longtemps, les pillards et les malfaiteurs de tous pays trouvaient un refuge. C'est un point stratégique remarquable, et qui peut devenir un centre commercial où les produits de la contrée trouveraient un débouché naturel. Un ancien fort génois défend l'île contre un débarquement. Elle compte aujourd'hui peu d'habitants, bien que les trois cent soixante-cinq citernes qu'on y voit encore démontrent qu'il exista là jadis un centre populeux, repaire de pirates probablement. La Compagnie des mines de Mokta-el-Hadid a l'intention d'y construire un vaste port.

L'île, située à 500 mètres à peine du continent, commande toute la Khroumirie.

Entre la frontière de la province algérienne de Constantine et l'oued Zaïne (anc. *Flumen Tusca*), d'une part, entre Tabarca et Béjà, d'autre part, se trouve un massif très confus et très boisé, véritable Kabylie tunisienne, d'une altitude de 800 à 1,000 mètres. Ce sont les montagnes des Khroumirs, dans lesquelles vivent des tribus de race berbère, misérables et très sauvages, toujours en révolte, sur lesquelles le Bey n'a jamais exercé une réelle autorité. Elles sont nomades, campent avec leurs troupeaux ou habitent dans les rochers de leurs impénétrables forêts. N'ayant point de villages, elles sont insaisissables et ne payent tribut que de la façon la plus irrégulière. On ignore le chiffre exact de leur population.

Le terrain dont le soulèvement forme ces montagnes est constitué soit par des granits, soit par des assises successives de grès et de marnes. Il en résulte que les érosions dues aux agents extérieurs escarpent les couches brisées et rendent l'accès des sommets excessivement difficile. C'est, constate M. le commandant Niox, un chaos de crêtes désordonnées. M. Pélissier de Reynaud y a signalé quelques cônes volcaniques, dont un donnait encore de la fumée en 1878. Les eaux sont abondantes ; elles coulent dans des tailles profondes, d'où elles s'échappent par des coupures perpendiculaires. Ces ravins forment des sillons qui déchirent les montagnes et les pénètrent. Ce sont donc les routes naturelles permettant d'entrer dans le pays ; mais on comprend ce que doivent être de pareilles communications. Les seuls contrebandiers les fréquentent. Il existe dans ces montagnes des mines de cuivre et de plomb argentifère, quelques-unes exploitées, comme celle d'Oum-Teboul sur la frontière, et d'autres dont on pourrait sans doute assez facilement reprendre l'exploitation. Mais les richesses forestières, convenablement aménagées, deviendraient une source plus importante de revenus. C'est la seule partie boisée, ou à peu près, de la Tunisie : partout ailleurs, dans la Régence, on ne trouve guère que des forêts de broussailles ou de pins rabougris, impropres à la construction.

La nourriture des habitants a pour base principale les figues, une sorte de glands doux semblable à la châtaigne, quelques légumes, un peu d'orge et de la viande de chèvre. Il n'y a aucun centre fixe de population. Les noms portés sur les cartes indiquent seulement des emplacements de marchés. Nous avons installé notre commandement militaire dans cette région à Aïn-Draham, au nœud hydrographique de la Khroumirie. Des chemins en divergent dans toutes les directions ; de plus, ce poste a été relié par des routes nouvelles avec Tabarca, la Calle par Oum-Teboul et El-Aïoun, et avec le chemin de fer de la Medjerdah.

Depuis la Khroumirie jusqu'à Bizerte, le pays prend le nom de Mogod, et ses habitants celui de Mogodys. C'est un ensemble de hauteurs et de plaines, anciens bassins lacustres, quelques-uns assez fertiles, d'autres incomplètement desséchés. Les tribus y sont turbulentes. Leur principal marché est Mateur.

La côte khroumirienne s'étend à l'ouest jusqu'au cap Roux, dans le voisinage duquel gisent des bancs de corail importants. Là commence la frontière algérienne. La Calle et Bône viennent ensuite.

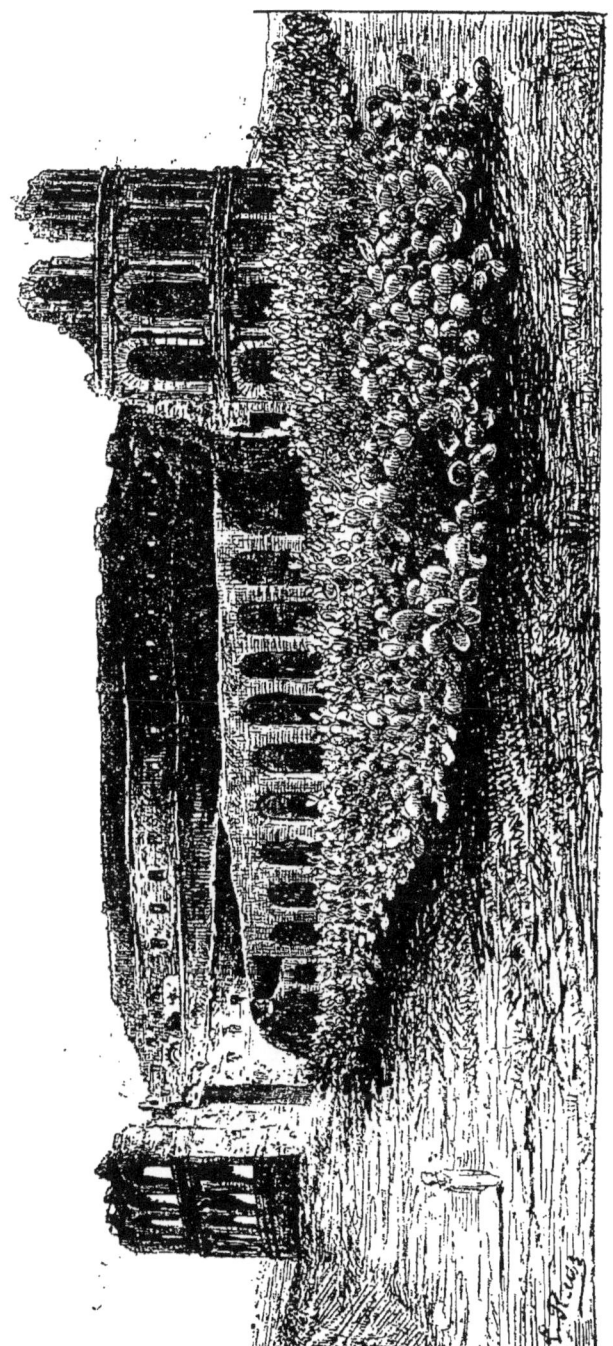

RUINES D'EL-DJEM.

CHAPITRE V

DE TUNIS A BÉJA, A GHARDIMAOU ET A SOUK-AHRAS

Depuis le 29 septembre 1884, la ligne de Bône à Tunis est ouverte complètement au service des voyageurs. Les trains doivent parcourir en quinze heures, de cinq heures du matin à huit heures du soir, les 354 kilomètres qui séparent Bône de la capitale de la Régence.

Notons que, plus spécialement, on compte 189 kilomètres de Tunis à Ghardimaou.

On part de la ville basse de Tunis, entre le palais du résident de France et le lac El-Banira ; après avoir traversé un tunnel de 316 mètres, pénétré dans une charmante région toute parsemée de villas, de jardins et de vergers, laissé de côté la Manouba, et franchi successivement l'oued Chafeur et la Medjerdah, cette dernière sur un pont métallique de 58 mètres, on arrive à Djedeida.

C'est un petit village très riant, bâti en pierres de taille provenant des constructions anciennes, et près d'un pont moderne très solidement établi. On y fabrique une grande quantité de chachias. Sa situation à l'entrecroisement des routes de Mateur, de Bizerte et de Béja à Tunis en fait un centre stratégique important. Le chemin de fer de Tunis à Bizerte s'amorcera sur ce point.

Durant ce premier parcours, on voit de nombreux puits creusés près des berges de la rivière dans la terre nue, et dont les eaux sont amenées à la surface à l'aide de ces systèmes primitifs dont il existe tant de types différents en Algérie, auxquels pourtant on ne peut donner le nom de *norias*, bien qu'ils en remplissent l'office à très peu de frais. Le seul inconvénient de cette contrée est l'affluence des serpents ; il n'est pas rare, au dire de M. le commandant Villot, d'en rencontrer qui ont plus de deux mètres de long. C'est là du reste, selon la tradition, que les Romains eurent à se défendre du légendaire serpent qui lutta contre toute l'armée de Régulus et faillit la mettre en déroute ! L'histoire a parfois de la gaieté ; autrement, elle serait par trop gravement monotone.

Tebourba, qu'on rencontre ensuite, est une jolie ville de 3,000 habitants, bien assise au milieu d'une riche végétation et de fécondes cultures maraîchères, avec un petit mur d'enceinte bastionné. Malheureusement, son importante fabrique de draps est aujourd'hui abandonnée.

A quelques kilomètres de là, sur la colline que couronne

le marabout de Sidi-Ras-Allah, gisent les ruines de l'antique *Thuburbo minus*. Nos tolbas algériens le fréquentent: on en rencontre, notamment, un assez grand nombre qui, leurs études terminées, viennent se fixer de préférence dans nos cercles d'Aïn-Beïda et de Tebessa. A 1,500 mètres de là, nous signalerons l'existence d'un pont romain.

Tebourba ne fabrique plus que des chachias.

Bordj-Toum ne mérite d'être visité que parce qu'il avoisine Toukabeur, l'ancienne *Tuccaboni*. Là encore, le site est charmant. Les arbres fruitiers y pullulent, citronniers, orangers, abricotiers, pêchers et autres. Le bey Mohammed-ès-Sadock y avait même fait construire, aux environs, une villa ; l'aqueduc qui y conduisait l'eau n'est déjà plus qu'un débris.

Medjez-El-Bab, le *Vicus Augusti* des Romains, compte 1,800 habitants. Ses maisons sont bâties avec des pierres de taille pillées aux ruines sur lesquelles elle a surgi. Cette bourgade, elle aussi, se fait remarquer par d'assez beaux jardins.

La voie ferrée franchit, au delà, une série de collines sous une suite de tunnels autour desquels la Medjerdah décrit un grand coude vers le sud. On arrive alors à l'Oued-Zerga, qui fut, en 1881, le théâtre d'un horrible massacre. Les Arabes, après avoir incendié la gare, torturèrent les malheureux employés avec un raffinement inouï de barbarie

Des gorges d'un aspect pittoresque et un tunnel de 350 mètres précèdent la station de Béja.

Béja, l'ancienne *Vacca* (4,000 hab.), est située au sommet d'une colline. Une muraille d'enceinte, assez bien entretenue, l'environne. Cette muraille, qui a beaucoup d'analogie avec celle de Tebessa, est flanquée de tours carrées. Il se pourrait que ce rempart remontât à l'époque byzantine.

Les rues sont malpropres et étroites, les maisons basses et sans caractère. Le dedans trompe après les promesses pittoresques du dehors. On n'y remarque guère que la mosquée de Sidi-Aïssa, ancienne basilique chrétienne transformée en temple musulman. Nous avons agi de même, mais à l'inverse, en Algérie, en diverses circonstances.

Béjà se dresse sur un point stratégique important, dont toutefois, constate M. Villot, il ne faudrait pas s'exagérer la valeur. C'est, dans tous les cas, un marché de conséquence fréquenté par les Khroumirs, les Zenatia et les Oulad-Si-Ali-El-Hairiech. Ses champs de céréales constituent sa principale richesse. Par malheur, la gare qui dessert la ville en est distante de 14 kilomètres. Les transports entre ces deux points se font par des chemins à peu près impraticables : aussi la Compagnie Bône-Guelma s'occupe-t-elle activement d'un rattachement indispensable.

Nous franchirons Sidi-Zehili, puis Souk-El-Kmis et Ben-

Béchir, pour rejoindre Souk-El-Arba, entouré de douars, de fermes et de jardins. En 1884, le génie a conduit sur ce dernier point une source d'eau abondante, ce qui va permettre d'y créer un centre de population urbaine, au lieu du simple marché qui y figure.

Sidi-Meskine n'est qu'une halte, précédant le fort marché d'Oued-Meliz. Aux environs, une société belge exploite les belles carrières de marbre de Chemtou, dans lesquelles on a découvert d'intéressantes inscriptions. Les alentours sont accidentés, mais verdoyants et bien cultivés.

Ghardimaou est le point où s'arrêtait l'ancien tronçon de la ligne ferrée primitive. Nous avons dit que les travaux sont aujourd'hui terminés entre cette localité et Souk-Ahras. De l'aveu de tous, les 60 kilomètres qui viennent d'être ouverts à la circulation peuvent compter parmi les plus pittoresques des parcours connus. Leur exécution dans les gorges de la Medjerdah supérieure fait le plus grand honneur aux ingénieurs qui l'ont dirigée.

Depuis le mois de décembre 1884, nos troupes ont évacué Ghardimaou, et le bureau télégraphique établi dans cette station a été fermé.

Le village de Sidi-El-Kemessi jouxte, un peu plus loin, la frontière algérienne.

CHAPITRE VI

DE TUNIS A TESTOUR, A TÉBOURSOUK ET AU KEF. — L'EXPÉDITION MILITAIRE DE 1881

I

La distance de Tunis à Sidi-Youssef, dernier point habité jusqu'à la frontière algérienne, par le Kef, est de 217 kilomètres. Mais le chemin de fer ne touche actuellement sur ce point que Medjez-el-Bab. Une route carrossable permet d'achever aisément le parcours.

De Medjez-el-Bab s'alignent deux voies distinctes ; celle de la rive gauche de la Medjerdah, où l'on a un gué à traverser, et celle du Djebel-Morra, dont les pentes sont fort raides et les ravins très difficiles en temps de pluie. Sur ces deux chemins, le sol est couvert de lentisques et d'oliviers sauvages.

On rencontre bientôt Slouguia (anc. *civitas Cilibiensis*,

village de 400 habitants, que domine un haut minaret. Il possède quelques ruines curieuses, notamment des citernes. Quelques pans de murs antiques et des blocs primitifs, encastrés dans les façades de la mosquée et des maisons particulières, sont également à noter.

Testour (anc. *Bisica Lucana*) est bâtie au confluent de la Medjerdah et de l'oued Siliana, en face d'une belle plaine très bien cultivée, au milieu d'une antique enceinte aujourd'hui presque entièrement rasée. La population est de 3,000 habitants, non compris les Juifs. Ce sont presque tous des Maures. Elle possède plusieurs mosquées assez mal entretenues, dont la plus considérée est celle de Lella-Zorah. Aux environs, les plantations d'oliviers sont nombreuses.

Aïn-Tounga (anc. *Thugga*) n'est qu'une série de vieilles ruines, éparses au pied d'un piton d'où la rue s'étend fort loin. On y remarque un tombeau à deux étages renfermant plusieurs chambres, des restes de temples, de théâtres, d'arcs de triomphe, de fortifications, de fontaines, de citernes, plus de nombreuses inscriptions. Les plus insignes sont ceux d'un vaste édifice du IIe siècle, orné de belles colonnes d'ordre corinthien de plus de 3 mètres de circonférence, espacées de 4 mètres. Un peu plus loin, dans la vallée de l'oued Kralled, gisent les débris de l'antique *Municipium Agbiensium*. La pente de cet oued, raide et rocheuse, est fort pénible pour les voitures.

Téboursouk (anc. *Respublica Thibursicensium*) ne compte que 3,000 habitants. Son mur d'enceinte, flanqué de tours carrées, mais mal bâti, fait brèche de toutes parts. Son commerce d'huile et de céréales est assez prospère. La région qui l'avoisine est fertile et en partie couverte d'oliviers.

Dans la partie supérieure de l'oued Kralled on trouve une infinité de ruines romaines, mais seulement quelques rares villages indigènes. Notons-y les ruines de Henchir-Zanfour, où l'on voit encore des vestiges de ponts romains.

Nous rencontrons ensuite, successivement, Aïn-Hedja, le marabout de Sidi-Bou-Atila, celui d'Aïn-Rhar-Salah, les ruines de Abd-Er-Rebbou, les deux villages de Henchir-Lella-Mia et de Bordj-Messaoud. Après avoir franchi la gorge de l'oued K'dim, traversé le pont de pierre de l'oued Beïda, puis jeté un regard curieux sur les quatre ravins qui suivent et les ruines romaines qui les escortent, nous entrons dans le Kef, l'ancienne *Sicca Veneria*.

Le Kef ne compte guère que 5,000 habitants, parmi lesquels 500 Juifs. Cette place fut fortifiée par les Turcs ; mais déjà, au commencement du xviiie siècle, le voyageur normand Paul Lucas constatait son mauvais entretien, qui n'a fait que s'accroître. Son mur d'enceinte est dans le plus piteux état. Nous y avons installé une station télégraphique, car c'est un centre stratégique de bon parti. On y remarque plusieurs mosquées et marabouts, entre autres la mosquée de Sidi-Ben-Chenouf. Les descendants de cette famille existent encore dans l'Aurès et dans le Zab-Chergui, du cercle de Biskra. Ce sont de hardis cavaliers très remuants, qui se sont fabriqué une généalogie en vertu de laquelle ils auraient jadis dominé tout l'Extrême-Sud de l'Algérie. Ils sont tenus, du reste, aujourd'hui en disgrâce par suite de compromissions restées enveloppées de mystère.

La ville du Kef est un marché très important, où l'on trouve ces magnifiques couvertures aux couleurs criardes qu'on appelle *fraichias*, du nom de la tribu des Frachich, et qu'on dit être fabriquées par elle, mais qui sont bien plus souvent expédiées de Nîmes et de ses environs. Le marché est abondamment pourvu de tous les objets nécessaires aux indigènes. Avant notre intervention armée, la poudre y était fabriquée, importée et vendue en liberté. Nos Arabes de Souk-Ahras, de Guelma et de Tabessa le fréquentent particulièrement, ce qu'il faut attribuer à la réputation des Zaouïas, où les diverses sectes religieuses sont représentées par des Cheikhs influents.

En elle-même, la ville n'est qu'un labyrinthe de rues et de ruelles malpropres, ressemblant beaucoup aux petites cités arabes de notre territoire algérien. Les maisons, toutefois, sont en pierre. On y pénètre par quatre portes, correspondant aux quatre quartiers. La Kasbah domine la place, qui est, ajoutons-le, abondamment pourvue d'eau. On la mettrait facilement, du reste, en excellent état de défense en fortifiant le plateau de Smida, qui commande au nord.

Les débris antiques abondent dans la ville. Les plus beaux gisent à un kilomètre plus loin, à Ksar-el-Roul.

C'est le 26 avril 1881 que M. le général Logerot occupa cette place sans coup férir. A ce sujet, il nous semble utile de rappeler ici les causes et les résultats de cette glorieuse campagne de 1881, qui nous a donné définitivement la Tunisie, pour n'avoir plus à revenir là-dessus en détail.

II

Depuis 1871, date de la violation du territoire de Tébessa, et à propos de l'asile offert par le gouvernement tunisien à Kablouti, chef de l'insurrection de Souk-Ahras, notre consul n'avait cessé de demander qu'il fût pris sur la frontière des mesures énergiques, sans préjudice des indemnités à payer par le Bey. Peu à peu, en présence de l'inaction française, la contrebande d'armes de guerre, les menées des Sociétés secrètes arabes (1), les prédications d'émissaires fanatiques, enfin les massacres d'indigènes

(1) Voir notre volume intitulé : LE SAHARA (Paris, 1884, Degorce-Cadot).

algériens se multiplièrent ; en même temps, les Khroumirs se révoltaient contre leur légitime souverain. Celui-ci, ne sachant plus quel parti prendre devant un pareil désarroi, se décida à demander au gouverneur général de l'Algérie de vouloir bien refouler les tribus insurgées sur son territoire, qu'elles avaient momentanément abandonné pour le nôtre ; mais M. le général Chanzy répondit qu'il lui était impossible d'accéder à cette requête, la réciprocité n'existant point en pareil cas avec la Régence. Le général Khéreddine, bien qu'il affichât les meilleures dispositions envers la France, se bornait, en juin 1875, à expédier Kablouti sur Malte, où cependant il n'ignorait pas que l'extradition ne serait ni demandée ni accordée : il fallut la rentrée clandestine de ce cheikh sur le territoire tunisien, au mois de septembre 1879, pour décider non sa remise aux mains de l'autorité française, mais son internement par le ministre du Bey dans le fort de la Goulette. Un mois plus tard, l'insulte faite aux matelots du *Forbin* par des soldats tunisiens venait encore envenimer la situation. Pour calmer les justes susceptibilités de notre nouveau consul, M. Roustan, dont les énergiques représentations commençaient à effrayer le Bey, celui-ci se décida enfin à livrer les principaux réfugiés de l'Aurès ; mais nous devions, auparavant, leur promettre la vie sauve ! D'un autre côté, le règlement des affaires de la frontière n'arrivait à aucun résultat, les sourdes menées des agents italiens neutralisant tous nos efforts. Il y eut là une véritable

SOLDAT TUNISIEN.

continuité de griefs, qui persista jusqu'aux débuts de 1881.

Les constantes violations de nos frontières algériennes motivent alors la demande de M. Roustan, que le Bey se décide à s'associer à la poursuite des tribus pillardes ; en même temps, au mois de février, notre agent offrait à ce prince d'accepter le protectorat français, dans le but d'être garanti des desseins de la Porte, laquelle menaçait son indépendance. Circonvenu par l'Italie, le Bey se refusa à cette double ouverture. Il ne nous restait donc plus qu'à agir, les intérêts énormes que la France possédait dans la Régence ne souffrant désormais aucun retard. Le Bey, d'ailleurs, en prenait avec nous à son aise. Après avoir fait déposséder la Compagnie Marseillaise du domaine de l'Enfida, légalement vendu à celle-ci par son ex-ministre Khéreddine, il venait encore d'arrêter les travaux du chemin de fer de Tunis à Sousse, concédé à la Compagnie Française de Bône-Guelma, sous prétexte que cette ligne, passant par Radès, faisait concurrence à la ligne italienne de la Goulette.

Le 4 avril 1881, M. Jules Ferry demandait aux Chambres un crédit de sept millions, nécessaire pour réprimer par la force les invasions incessantes des tribus tunisiennes sur le territoire algérien. Le 11, la Chambre des Députés, par 322 voix contre 124, « approuvait la conduite du gouvernement » et se déclarait « pleine de confiance dans sa prudence et son énergie ». L'Allemagne et l'Autriche laissèrent faire, puis l'Angleterre, quoique à contre-cœur :

seules, l'Italie et la Turquie essayèrent de réagir par voie diplomatique, mais inutilement. Effrayé de cette intervention, qu'on lui avait représentée jusque-là comme impossible, le Bey Mohammed-ès-Saddock se détermina à offrir une indemnité de 300,000 francs à M. Roustan, qui la refusa ; il prétendit ensuite pouvoir réprimer, lui seul, l'insurrection et, en même temps, crut devoir adresser aux puissances étrangères une protestation contre l'entrée des troupes françaises en Tunisie, autre démarche qui resta sans résultat, même du côté de la Turquie, à laquelle notre ambassadeur déclara nettement que la moindre immixtion de sa part constituerait un *casus belli* immédiat. Dès le 14 avril suivant, 26,000 hommes, rassemblés dans la province de Constantine sous le commandement du général Forgemol, étaient divisés en deux colonnes principales : l'une, partant du nord-ouest avec le général Delebecque, franchit les montagnes et entra dans la vallée de l'Oued-Dharraoui, pour se diriger ensuite vers le Sud, après avoir pris possession de l'île Tabarca et s'être assuré ainsi un centre de ravitaillement ; l'autre, avec le général Logerot, se dirigea au contraire du sud au nord par les vallées de l'Oued-Mellègue et de la Medjerdah, occupant Kef et ayant pour objectif Béja. Enfin, l'investissement du pays khroumir fut complété par l'envoi de la brigade du général Bréart, qui, le 1ᵉʳ mai, débarqua à Bizerte, et, tournant vers Tunis, boucha la dernière ouverture par laquelle les insurgés auraient pu s'échapper. Tout le pays montueux de la Khroumirie se rendit sans coup férir. Le 12 mai, à Kasar-Saïd, le Bey se décidait enfin à abandonner la direction de ses affaires étrangères et celle de ses finances, nous laissant également la faculté d'occuper pour un temps indéterminé les divers points stratégiques de son territoire : par contre, la France s'engageait à protéger le Bey contre tout danger menaçant sa dynastie, à exécuter les traités conclus par la Régence à l'égard des différentes puissances européennes, surtout à réorganiser les finances tunisiennes. Le Parlement français ratifia ce traité, garantie de notre nouvel éablissement africain, et dont il fallut bien que l'Angleterre et l'Italie prissent leur parti, mais non sans protestations tumultueuses. M. Roustan fut nommé ministre-résident, chargé de diriger les affaires extérieures du Bey. Il était temps ; dans notre province d'Oran, une insurrection, intimement liée à celle de la Khroumirie, venait d'éclater ; sans le succès de nos armes à Tunis, cette révolte eût pu gagner l'Algérie entière.

Par malheur, pour la réprimer, on dégarnit imprudemment la Tunisie, et le gouvernement français, qui prétendait diriger de Paris même les opérations militaires, négligea d'ordonner qu'on occupât des positions importantes. C'est alors que la ville de Sfax, envahie bientôt par des bandes d'Arabes secrètement soudoyées par le gouverneur turc de la Tripolitaine, donna, la première, le signal de la rébellion : il fallut, en juin, que notre flotte bombardât la place, y mît garnison, puis s'installât à Gabès et dans l'île de Djerba, mais en négligeant, cette fois encore, d'agir de même pour Sousse, qui lui était pourtant signalée comme un point compromis. Ce ne fut que dans le courant de septembre qu'on se décida à entrer dans cette place. A la même époque, on avisait également à relier Tunis par un câble sous-marin à Bizerte et à Bône, mais, toutefois, après avoir attendu que les communications terrestres eussent été plusieurs fois coupées par les insurgés. Enfin, après la retraite du colonel Corréard, mis en déroute, faute d'hommes, aux environs d'Hammamet, le cabinet réexpédia des renforts. En attendant leur arrivée, les soldats du Bey avaient réussi, le 27 septembre, à battre seuls les rebelles près Testour.

Le débarquement de nouvelles troupes changea la face des opérations, qui prirent un caractère de méthode et de vigueur jusqu'alors inconnu. On se décida enfin à occuper Tunis le 10 octobre : le consul d'Italie, M. Maccio, fut seul à protester. Puis une marche concentrique, dont la ville sainte de Kairouan était le but, fut mise à exécution sous la direction supérieure du général Saussier, désormais chargé de terminer l'expédition sous sa responsabilité personnelle. Tandis que le colonel Larroque, de concert avec l'armée du Bey, surveillait la partie centrale de la Medjerdah et rétablissait le chemin de Tunis à la frontière algérienne, coupé par les insurgés, trois colonnes se dirigeaient sur Kairouan : l'une, partie de Sousse, avec le général Etienne ; l'autre, de Zaghouan, avec les généraux Saussier, Logerot et Sabattier ; la troisième, de Tébessa, avec le général Forgemol. Notre marche n'éprouva aucune résistance sérieuse de la part des Arabes en dehors de quelques engagements à Foum-el-Kharouba et au nord-est de Tébessa, dans la tribu des Frachich. Le 26 octobre, le général Etienne entra à Kairouan sans résistance et fut bientôt rejoint par les autres colonnes. Le même jour, nos troupes de marine débarquaient à Medhia. Le gros des rebelles ayant reculé vers le sud, on prépara une nouvelle expédition dans la direction de Gafsa, occupée le 20 novembre par le général Forgemol, après un combat assez sérieux, et de Gabès, prise deux jours après par le général Logerot. Le 19, le Bey avait confié au général Lambert la réorganisation de l'armée tunisienne. Après ces divers événements, le pays se trouvait à peu près pacifié, notre domination assise, l'insurrection virtuellement finie. Le 9 novembre suivant, le Parlement français votait la ratification du traité de Kasar-Saïd par 355 voix contre 78 opposants et 124 abstentionnistes. Notre protectorat était fondé. On sait ce qui est advenu depuis.

III

Au sortir du Kef, la route traverse successivement l'oued Remel, aux berges escarpées et couvertes de thuyas, l'oued Kroul, l'oued Mellègue et la forêt des Djouina, près de laquelle se voient les ruines importantes du Zouitine. On arrive alors à la rivière de Sidi-Youssef, qui forme la frontière algérienne et sur les bords de laquelle est une douane.

Du bordj de Sidi-Youssef le voyageur va directement à Souk-Ahras.

CHAPITRE VII

DE TUNIS A ZAGHOUAN ET A KAIROUAN. — RUINES D'EL-DJEM

I

De Tunis à Zaghouan la distance n'est que de 53 kilomètres. Une route carrossable y conduit.

Un arrêt intermédiaire permet de visiter Mohamedia, pauvre village qui fut jadis le Versailles du bey Ahmed. Aujourd'hui, il ne reste plus aucune trace de cette courte époque de splendeur. Le palais est abandonné. L'aqueduc restauré de Carthage traverse une de ses cours. Cette misère n'a pas même la ressource de quelques ruines.

Zaghouan est une jolie cité, entourée de magnifiques jardins très bien cultivés et donnant en abondance les fruits les plus divers et les plus beaux. Partout des eaux murmurantes et limpides. Cette ancienne colonie andalouse, bâtie avec des pierres de taille enlevées aux magnifiques débris romains des environs, compte 3,000 habitants, parmi lesquels 500 Juifs environ. Les hauteurs avoisinantes sont couvertes de splendides forêts, dont quelques-unes plantées de très beaux thuyas. Jusqu'à présent, les indigènes ont fait peu de cas de cette dernière essence, en laquelle nos ébénistes français trouveraient pourtant d'inépuisables ressources si on se décidait à l'exploiter.

Tous les voyageurs vantent à l'envi cette charmante ville. « Coquettement étagée sur un contre-fort détaché du pied même de la montagne, elle offre, écrivent MM. Rebatel et Tirant, au voyageur venu du sud le spectacle nouveau d'eaux courantes fraîches et limpides, et d'une végétation magnifique à laquelle l'œil n'est plus habitué. C'est, du reste, un point fréquemment visité, car, outre la beauté de son site, Zaghouan offre aux touristes de Tunis de belles ruines romaines. C'est là que commence l'immense aqueduc, œuvre d'ingénieurs français, qui va porter à Tunis les eaux du Djebel-Zaghouan en suivant et utilisant l'ancien aqueduc alimentant Carthage. » Depuis le mois de septembre 1884, la Compagnie française, qui avait déjà acheté aux Anglais la concession du gaz à Tunis, a acquis également pour vingt ans la concession des eaux amenées par l'aqueduc en question, administré jusque-là dans des conditions fort insuffisantes par une Société composée de hauts fonctionnaires indigènes.

La ville est un centre agricole très fréquenté. En outre, des teintureries renommées l'avoisinent.

A 2 kilomètres et demi plus au sud, à Enchir-Aïn-Kasba, gisent de remarquables ruines. « Sur les flancs de la montagne, racontent les deux explorateurs précités, au point même où aujourd'hui encore on recueille les eaux, on voit les restes d'un magnifique temple romain, probablement dédié à la divinité de la source. Cette construction grandiose, encore bien conservée, a la forme d'un vaste hémicycle, entourant un bassin central. Dans le fond est un autel, et de chaque côté douze niches, veuves, hélas ! de leurs statues. Nous en retrouvons les débris parmi les décombres, ainsi que les restes mutilés d'un buste d'empereur romain. La façade, ornée de deux magnifiques portiques, est placée sur un rebord taillé à pic au flanc de la montagne. De là on découvre l'immense plaine où serpente l'aqueduc jusqu'à Tunis, les croupes arrondies du Djebel-Sidi-Salem et les crêtes aiguës du Djebel-Ressas. »

De Zaghouan à Sousse, la route n'est plus qu'un chemin muletier à peine tracé et fort accidenté sur quelques points. Dans ce dernier trajet figurent les ruines antiques considérables de Aïn-Mdekeur.

II

Pour se rendre à Kairouan, on part également de Tunis. La distance entre ces deux points est de 167 kilomètres, par une route carrossable bonne en été, mais difficile en hiver. La première partie en est rocailleuse et pénible. Au sortir de la Manouba, on rencontre tour à tour Hassi-Fifila, le marabout de Sidi-bou-Hamida, le défilé d'El-Loukanda, l'oued Mrotha et le col de Foum-el-Krarrouba. Le pays redevient plat alors, et le parcours aisé. On traverse le petit village de Djebbibina, on passe au pied du marabout de Sidi-Ferrath et du puits de Bir-el-Bey, on atteint ensuite un terrain marécageux, malsain en temps de pluie, et l'on entre enfin dans Kairouan la Sainte !

La plaine de Kairouan, déclare M. Gabriel Charmes, rappelle l'Egypte. « Elle est formée d'une couche d'alluvion déposée par de nombreux cours d'eau, qui se perdent au milieu de ses sables, mais après y avoir déposé une terre capable de porter les plus belles moissons. C'est une sorte de Delta qui ne touche pas à la mer et qui, par conséquent, manque d'issues. Aussi, dans les hivers pluvieux, forme-t-elle un gigantesque marais ; puis la sécheresse arrive ; elle est alors brûlée comme un désert. Mais dans l'intervalle les indigènes trouvent le moyen d'y faire une abondante récolte. Ils sèment à fleur de terre, n'ayant que d'insignifiantes charrues ; la fécondité du sol supplée au manque de culture. Au reste, l'industrie pastorale, qui domine dans tout le centre de la Tunisie, donne et, surtout, pourrait donner de tels résultats, qu'elle compenserait largement l'insuffisance des autres industries. » Voilà un aperçu qui doit encourager nos colons.

Quant à la cité, sa population, de 50,000 habitants qu'elle comptait jadis, est tombée aujourd'hui à 22,000, dont 10,000 dans l'enceinte fortifiée. Située au nord-ouest de la Sebkha du même nom, elle fut bâtie par Okba, un des chefs les plus illustres dans les fastes de l'Islamisme et dont le tombeau se voit à Sidi-Okba, non loin de Biskra. Elle prospéra rapidement, et devint le centre de l'empire d'Afrique quand cet empire se rendit indépendant. Kairouan a donc étendu sa domination jusqu'au pied des Cévennes et des Alpes ! Le souvenir de cette splendeur passée n'est pas éteint dans le cœur de ses habitants, malgré sa déchéance présente.

La grande famille des Oulad-Si-Nadji, qui amenèrent les nomades au secours de Charles-Quint lors de la prise de Tunis par cet empereur et qui le sauvèrent ainsi d'un grand désastre, dominaient jadis dans la plaine de Kairouan. Ils y possèdent encore de grands biens. Actuellement, ils sont fixés à Khanga-Sidi-Nadji, au pied sud de l'Aurès, près de l'oued El-Arab, en Algérie. On assure qu'ils détiennent des titres importants et curieux provenant des largesses du bey Hasseïn, l'allié du soùverain espagnol. M. le commandant Villot, auquel nous empruntons ce détail, est même convaincu que cette famille a écrit l'histoire de la domination française ; mais il ajoute qu'elle ne l'a communiquée à personne et que lui-même a fait de vains efforts pour se procurer ce document, dans lequel d'intéressantes et utiles appréciations doivent évidemment être consignées.

Kairouan est demeuré un centre puissant d'excitation religieuse. Les rois de Tunis ont voulu y être ensevelis. L'opinion générale des Musulmans africains est que le Prophète affectionne plus particulièrement les âmes de ceux qui y reposent, et qu'il les conduit directement à son paradis. Aussi les grands et les riches personnages n'épargnent rien pour y avoir leurs tombeaux. On y voit des fidèles se déchausser avant d'y pénétrer, ne voulant en fouler le sol que de leurs pieds nus. Dans tous les cas, chacun la considère comme une succursale de la Mecque aussi vénérable même : son pèlerinage dispense de l'autre.

En 1858, Pélissier comptait en cette ville vingt-cinq mosquées et cinquante-cinq zaouïas ; mais il faut croire que leur nombre a considérablement augmenté depuis, car un voyageur anglais y notait, en 1884, cent soixante-trois mosquées et plus de cent zaouïas. Il est vrai que les différentes Confréries de tous les pays musulmans s'y trouvent représentées, et que, d'autre part, les tombeaux des anciens dignitaires fatimites, aglabites ou hafsites y sont entourés de monuments expiatoires, que les fervents aiment à enrichir de draperies et d'ornements : peu à peu, le total s'en est accru, ce qui explique la progression énorme des chiffres précités.

Jusqu'à notre occupation, l'accès de la ville étant absolument interdit aux Israélites, Kairouan restait une des rares cités africaines, sinon même la seule, où l'on n'en rencontrât point. Quand un Juif se présentait sur son territoire, on l'installait à un endroit appelé *Darel-Aman* (Maison de la Sécurité), situé à 2 kilomètres au nord-ouest. Pourtant, une seule exception fut faite en faveur de Youssef Lévy, l'adversaire de la Compagnie Marseillaise dans la question de l'Enfida : malgré son origine, il obtint le droit d'entrer et de circuler librement dans l'intérieur de l'enceinte. Quant aux Européens, on autorisait parfois leurs visites. Aujourd'hui, ils peuvent y séjourner à leur guise ; mais la plus grande prudence doit leur être recommandée afin d'éviter les conflits, toujours à redouter au sein d'une population fanatique, surexcitée souvent par d'abondantes libations, en dépit des prescriptions du Koran. Toutefois, les habitants n'ont point poussé ledit fanatisme jusqu'à proscrire le produit des manufactures européennes. Leurs maisons, la plupart en briques et blanchies extérieurement à la chaux, ont des persiennes peintes en gris ou en vert, des charnières et des serrures provenant de l'autre côté de la Méditerranée, des chaises et des tables d'acajou, le tout formant un contraste auquel le visiteur ne s'attend certe pas.

Autrefois, Kairouan était alimenté d'eaux potables à l'aide d'immenses réservoirs, dont l'historien arabe El-Bekri nous donne la description. Leurs restes existent encore, mais il n'en subsiste qu'un seul intact. Le manque d'eau est donc la principale cause de la décadence de la cité, qui n'en demeure pas moins fort riche grâce aux largesses des nombreux pèlerins qu'elle voit arriver dans ses murs chaque année. Il paraît, du reste, que les environs étaient jadis très boisés : sa forêt d'oliviers n'aurait été détruite, pendant un siège, que dans le cours du siècle dernier.

La place est défendue par un mur d'enceinte flanqué de tourelles et de tours rondes, mais fort délabré dans ses parties ouest et nord-ouest. On pénètre par cinq portes en bois, bardées de fer, dont l'une, *Bab-el-Djelladin* (Porte des Peaussiers), est double. Au haut de chacune, une inscription arabe fait connaître la date de sa construction ou de sa restauration. Toutes remontent à la dynastie des Hafsites, qui a laissé le plus de traces dans la Tunisie. A côté de Bab-el-Djelladin, une petite poterne, toujours ouverte, permet aux habitants de communiquer jour et nuit avec les faubourgs extérieurs. Les portes principales sont fermées après le coucher du soleil.

Les principales mosquées sont Djemmah-el-Kébir, fondée au vii° siècle par Obka, immense quadrilatère de 140 mètres de côté, dont l'entrée était formellement interdite aux chrétiens avant 1881 ; Djemmah-Bent-Zeletha-Riban, aux portes de laquelle on remarque deux colonnes d'origine byzantine, témoignant du zèle iconoclaste ordinaire aux musulmans ; Djemmah-Sidi-Abd-el-Kader-el-Ghilani, surmonté d'un dôme énorme ; Djemmah-Mohammed-ben-Aïssa, où les disciples de Ben-Aïssa, le fameux convulsionnaire Aïssaoua, se livrent à leurs exercices encore plus épouvantables et répugnants qu'étranges.

Au dehors de l'enceinte, de nombreux cimetières, riche et lucrative nécropole. Un peu plus loin, la célèbre Zaouïa de Sidi-Sahel-Ennabi, le barbier fidèle et l'ami du Prophète ; d'après la tradition, trois poils de la sainte barbe de Mahomet reposent sur la poitrine du cadavre d'Ennabi, renfermés dans un sachet de velours vert. L'ensemble est presque insignifiant : toutefois, une magnifique galerie conduit à la tombe. Les murs sont couverts de vieilles faïences persanes d'un dessin très original, et remarquables par leur merveilleuse couleur ; le plafond est formé de panneaux ornés de ciselures comparables, pour leur beauté et leur variété, à celles de l'Alhambra. Malheureusement tout cela, mal soigné, tombe en ruine ; les vieux carreaux de faïence, qui ont disparu, sont remplacés par des tuiles italiennes de couleur criarde, horrible échantillon de l'industrie moderne transalpine. Quant à la tombe, elle se dresse dans une petite salle, sous un dôme élevé ; le sarcophage de bois, couvert d'un drap de velours vert brodé d'argent, est entouré d'un haut treillis de fils métalliques, auquel sont attachés de petites pierres apportées de la Mecque ou des œufs d'autruche, ex-voto des fidèles. Une centaine de drapeaux d'étoffe précieuse flottent au-dessus, et un vieux lustre vénitien, orné de lances de fer, pend du centre du dôme. Le sol est couvert de riches tapis et les murs sont ornés, à la hauteur de trois mètres, de faïences de Perse, avec des arabesques peintes sur fond noir ou blanc. Le tout a une mine héroïque et fière.

De Kairouan à Sousse, le trajet, par chemin de fer Decauville, est de 58 kilomètres. On rencontre successivement Aïn-Kazeziah, l'étang de Ghra-el-Sad, les puits et les marabouts de Sidi-el-Hani, la fabrique d'huile d'Oued-Laya et le canal de Serkika-Sebaïa. Ce parcours n'offre aucun détail intéressant.

III

Au nord-ouest de Kairouan, à 60 kilomètres du Kef, s'élève le misérable village de Magroua. Une simple route muletière y conduit des deux côtés ; mais le touriste, en y arrivant, se trouve suffisamment récompensé de ses

VUE DE CEUTA.

fatigues par le voisinage des ruines de Makteur, l'ancienne *Colonia Ælia Aurelia Mactaris*. Elles s'étendent sur un vaste plateau tourné vers le levant et adossé au Galâat-ès-Soug, l'une des plus hautes montagnes de la chaîne des Hammadas. M. Letaille y a relevé des inscriptions nombreuses. Nous nous bornerons à signaler l'arc de triomphe de Trajan, un autre situé sur le bord d'un ravin, un mausolée de 15 mètres de hauteur, orné de sept pilastres corinthiens que surhausse une cella carrée surmontée elle-même d'une pyramide aiguë, les restes d'un amphithéâtre et les vestiges de trois ou quatre temples plus ou moins mal conservés. Dans tous les cas, le voyage vaut la peine d'être entrepris.

D'autre part, à 71 kilomètres sud-est de Kairouan, se dressent les ruines d'El-Djem, l'antique *Thysdrus*. Pour y arriver, il faut contourner entièrement les rives de la Sebka Sidi-el-Hani, lac très vaste, mais d'un abord désolé. On traverse successivement l'oued Zeroud, le village de Sidi-Aïssa, les ruines romaines d'Enchir-el-Aïoun, les puits d'Oglet-el-Hanechia et la plaine bien cultivée et bien arrosée de Sidi-Nassem. Aux approches d'El-Djem, les bois d'oliviers reparaissent.

L'amphithéâtre d'El-Djem, constatent MM. Rebatel et Tirant, peut être mis hardiment en parallèle avec les antiquités les plus renommées de l'Italie. Son effet est d'autant plus saisissant qu'il s'élève seul au milieu des sables, dominant au loin l'horizon et écrasant de sa masse énorme les humbles masures des indigènes d'à côté. Ce colosse architectural, dont le grand axe extérieur ne mesure pas moins de 148 mètres 50, plus vaste par conséquent que notre amphithéâtre si renommé de Nîmes, comporte trois étages d'arcades superposées, entre chacun desquelles court un rang de demi-colonnes de la plus grande élégance. Au-dessus, un entablement à demi-ruiné forme une sorte de quatrième étage. Le style, sans être d'une pureté parfaite, se rapproche du corinthien. Des soixante-quatre arcades, un tiers environ est renversé du côté ouest. L'intérieur, surtout, offre le spectacle d'une dévastation pénible. Toutefois, la grande coupure qu'on y remarque à l'ouest provient de la brèche que le bey Mahommed fit pratiquer à coups de canon, au commencement du xviiie siècle, pour mettre à merci quelques tribus rebelles qui s'étaient cantonnées dans l'édifice. Notons encore une sorte de citerne intérieure, large de 4 mètres, qui ne serait autre, d'après la tradition locale, que l'entrée d'un souterrain creusé par la reine berbère Kahina, et aboutissant jadis sur les bords de la mer, près de Sfax. Ajoutons que, d'après Shaw, le monument doit être attribué à l'empereur Gordien Ier.

Les ruines voisines de Thysdrus perdent, on le conçoit, de leur intérêt quand on quitte ce splendide colysée. Elles sont, cependant, d'une certaine importance, surtout à cause de leurs belles citernes. Quant au village arabe, appuyé contre l'amphithéâtre et comprenant une population sédentaire de deux mille individus, il n'offre rien de remarquable, sinon la grande bienveillance de ses habitants, mais aussi son excessive malpropreté.

ARC DE TRIOMPHE DE TRAJAN — MAKTEUR

A 12 kilomètres encore plus au sud on trouve les curieuses citernes de Rouga, ancienne cité romaine. Au reste, toute cette région est couverte d'une quantité de débris.

D'El-Djem à Sousse, la distance est de 98 kilomètres. La route traverse un pays très fertile et très couvert. On rencontre tour à tour le puits de Sidi-Messaoud, le village d'Oulad-Sala, celui de Ksoura, enfin Mehedia, puis Monastir.

CHAPITRE VIII

DE KAIROUAN A GAFSA, A EL-GUETTAR, A TOZEUR ET A NAFTA

S'il veut se rendre de Kairouan à Gafsa, le touriste doit d'abord franchir une première distance de 88 kilomètres pour gagner le caravansérail de l'Oued-Gilma, par une route assez médiocre. Après avoir traversé les marais qui s'étendent au sud-ouest de la place, on passera par les puits de Chebika, la source d'Aïn-Beida (anc. *Aquæ Regiæ*), les ruines de Souassin (anc. *Masclianis*), le djebel Hadjeb-el-Aïoun et les débris romains de Gilma. A l'oued Gilma, la route se bifurque.

Par l'ouest, on gagnera l'oued Sbeitla, le Djebel-Hamra, l'oued Fekka, l'oued Cehela et les ruines de Oglet-Merethba, après lesquels on rejoint Gafsa. Ce trajet, depuis Oued-Gilma, comporte 216 kilomètres.

Par l'est, le parcours, à partir de l'embranchement précité, n'est que de 211 kilomètres. Il est aussi plus agréable.

On passe par la Zaouïa Sedagua, les redirs d'El-Hallouf, les villages de Madjen-Sidi-Naoui et de Oglet-Merethba, puis, après une plaine assez aride qu'essayent d'égayer quelques buissons d'oliviers sauvages, on atteint Gafsa, l'antique *Capsa* romaine.

C'est une oasis entourée de hautes montagnes et comprenant 5,000 habitants environ, d'à peu près 10 kilomètres de circonférence, mais qui commence à s'ensabler. Elle possède d'excellentes sources froides, et aussi trois sources thermales légèrement sulfureuses. La place est fortifiée, percée de cinq portes et couronnée par une Kasbah. Le commerce local consiste principalement en tissus de laine très estimés. On prétend, toutefois, que l'oasis est un mauvais séjour pour les Européens.

Cette fâcheuse réputation ne s'explique guère, l'oasis étant la plus riche et la plus belle de tout le Djérid. MM. Rebatel et Tirant, notamment, n'en parlent qu'avec enthousiasme. « Aucune description, déclarent-ils, ne peut donner une idée de cette gigantesque serre chaude, dont la toiture de palmes ondoyantes protège, à cent pieds de hauteur, les cultures les plus diverses. Actuellement (1874), les palmiers du Djérid payent un impôt annuel de 1,550,000 francs au trésor Tunisien. Les oliviers de la Tunisie entière, y compris ceux du Djérid, rapportent 2,617,000 fr. Sous l'ombre protectrice de ces palmiers, la plupart des arbres fruitiers de l'Europe méridionale peuvent atteindre des proportions gigantesques. La vigne s'élance au sommet des oliviers et donne des raisins destinés, plus tard, à entrer comme condiment dans le couscoussou de luxe; l'amandier, le pêcher, l'abricotier, le prunier, le pommier, le coignassier croissent à côté des figuiers, des jujubiers, des grenadiers et des orangers. En mars et en avril, la plupart de ces arbres sont en fleur, et des senteurs délicieuses s'épanchent de tous côtés, dans une atmosphère à lumière tamisée, à travers les palmes ondoyantes. Pendant la nuit, les clartés diffuses d'un ciel d'une pureté incomparable et les rayons de la lune viennent prêter à ces bosquets des teintes fantastiques, et on comprend les accès d'enthousiasme de tous ceux qui ont pénétré dans les oasis du Sahara et particulièrement dans celle de Gafsa. Le sol sablonneux peut tout produire, à condition de recevoir une quantité suffisante d'eau. Ici elle est d'une abondance extrême, et le système d'irrigation d'une simplicité particulière. Le terrain est partagé en petits carrés, bordés de petites digues formant des canaux avec les digues voisines. De temps à autre, on inonde le terrain tout entier en faisant une coupure à la digue. L'eau coule à la surface du sol; il n'est pas besoin de puits artésiens comme dans l'Oued-Righ et de barrages comme dans l'Oued-Mzab, de puits à galeries souterraines comme dans le Fezzân, le Touât et l'oasis voisine d'El-Guettâr. Aussi les cultures se succèdent-elles avec une rapidité merveilleuse, sans jamais laisser reposer la terre, et l'art des assolements a été poussé très loin par les jardiniers arabes, à la suite d'expériences séculaires. Le henné, le tabac, le piment, les fèves, le meloûkhia, les pois, le melon, le concombre, le potiron, la citrouille, les pastèques, les pourpiers, la tomate, l'aubergine, la bette, le cumin, la coriandre, l'orge et le blé sont les principales de ces cultures et servent à l'alimentation des habitants ou au commerce extérieur. »

Gafsa possède également de nombreuses ruines, notamment des thermes. Quant à la cité moderne, une partie de ses maisons ne sont pas même réparées; de ses nombreuses mosquées, une demi-douzaine à peine restent debout, dont trois seulement méritent l'attention.

El-Guettâr est situé à 20 kilomètres sud-est plus bas, au pied des rochers perpendiculaires du Djebel-Arbet, l'*Orbata* de la carte de M. Pricot de Sainte-Marie. Cette oasis est, elle aussi, entourée d'une enceinte; là encore, la plus grande partie des maisons s'effondrent. Ses palmiers, qui couvrent une étendue de 3 kilomètres de longueur sur 500 mètres de largeur, sont arrosés par les eaux de sources souterraines élevées à l'aide de machines primitives que des chameaux mettent en mouvement. Mais c'est sa montagne qu'il convient surtout d'explorer. « L'ascension du Djebel-Arbet, dominant El-Guettâr au nord, est, constate M. Piesse, d'un abord difficile; mais le touriste est récompensé de ses fatigues quand, arrivé sur une terrasse de 800 mètres de hauteur, il voit le plus beau des panoramas : à l'est, les petites collines de Gabès et, plus au sud, les montagnes de Douerât, en Tripolitaine. Au sud, la surface salée et miroitante du chott Faraoun, et les sommités inexplorées du Djebel-el-Berda, aux pentes boisées et habitées par les fauves ; plus loin, les dunes parcourues par les Souafa ; au nord, le cône terminal de l'Arbet ; au delà, les montagnes de Kairouan et de Tébessa ; à l'ouest enfin, Gafsa et ses palmiers. C'est splendide ! » Ajoutons que la hauteur exacte du Djebel-Arbet, déterminée par les observations barométriques de MM. Rebatel et Tirant, est de 1,100 mètres.

Au voyageur qui a poussé jusqu'à cette région, il reste à visiter les bords du chott Faraoun ou El-Djérid, que le projet de M. Roudaire a rendu célèbre. Pour cela, il lui suffira d'obliquer au sud-ouest, vers Tozeur et Nafta, assises sur la langue sablonneuse qui sépare ce chott de celui d'El-Rharsa. Ce sont là deux centres curieux, mais aussi fanatiques que Kairouan, vu leur isolement bien choisi.

Tozeur, l'ancienne *Tizurus*, la capitale actuelle du Djérid, peuplée de 10,000 habitants, est une oasis fertile de 400 hectares, renfermant plus de 300,000 palmiers-dattiers irrigués par les dérivations de trois cours d'eau. On y fabrique principalement des couvertures de laine et des haïks renommés. Ses maisons, généralement en bon état, sont construites en tôb, ou briques crues séchées au soleil, Le palais du gouverneur, Dar-el-Bey, n'a aucun caractère. Il en est de même de ses cinq ou six mosquées, en dépit de l'effervesence religieuse, qui fait de cette oasis un lieu de pèlerinage fréquenté. Ce qui est à noter, c'est la Sebaa-Regoud, ou Grotte des Sept-Dormants, légende qui existe également à M'gœous, dans la subdivision de Batna. Il paraît que ces Dormants s'éveilent quelquefois pour lancer au milieu d'un attroupement de fidèles des imprécations excitantes contre les « mécréants ». Ce sont là des Dormants qu'il importe à l'administration française de surveiller activement.

On compte environ vingt lieues de l'extrémité nord du chott El-Djérid à Gafsa.

A 25 kilomètres sud-ouest de Tozeur on rencontre Nafta, l'ancienne *Aggar Selnepte*. Elle comprend 8,000 habitants, renfermés dans une oasis de 500 hectares, laquelle contient environ 240,000 palmiers, non compris les arbres fruitiers de ses merveilleux jardins. L'industrie principale est le tissage de la laine.

A peu de distance se dressent les magnifiques oasis du Belad-ed-Djérid.

Le trajet de Nafta à Gabès, par le nord du chott El-Djérid, est de 222 kilomètres. La route est suffisamment pourvue de puits.

CHAPITRE IX

COMMERCE ET INDUSTRIE

La Tunisie est un pays essentiellement agricole, où l'industrie, quoique représentée par d'assez nombreux spécimens d'un art plus raffiné que distingué, est demeurée rudimentaire. Tout y est à créer ou à renouveler : les procédés et l'outillage. Pourtant, pour rappeler un mot célèbre, pâturage et laitage sont « les deux mamelles » de ce pays. Le sol est d'une admirable fécondité, d'une fécondité même supérieure à celle du sol de l'Algérie : pas de nature mieux douée. Si, au lieu d'avoir à pâtir sous un régime qui s'est plus étudié à la comprimer qu'à la développer, la Tunisie avait été dirigée par des mains intelligentes et actives, elle eût produit des merveilles. On s'explique très bien que, sous l'administration des Romains, elle soit devenue l'un des greniers d'abondance de la cité des Césars.

A l'Exposition d'Amsterdam du mois d'août 1883, les produits de l'agriculture tunisienne furent très remarqués, notamment les denrées de consommation courante : le blé, l'orge, le pois chiche, le maïs, le haricot, la graine de lin, le sorgho, le miel, qui est exquis, et l'huile d'olive, qui est de trois qualités : la première, ou *darb-el-meh* (frappée d'eau), peu abondante, vaut celle de Nice; la seconde, dite *mastri* (pressée), est obtenue par des procédés par trop primitifs. En traitant l'olive avec plus d'intelligence, il serait aisé d'augmenter le rendement de l'huile de première qualité. On estime à 39 millions de litres, dans une année de bonne récolte, la production totale d'huile d'olive dans la Régence : du reste, l'olivier y est cultivé partout, depuis la côte septentrionale jusqu'au Djérid, mais principalement dans le Sahel, où, sur la côte, cet arbre constitue de véritables forêts. Le ricin croît également très bien, donnant une huile qui ne fige pas à une température voisine de 0°, qui conserve sa cohésion à 30° : cette huile est susceptible de divers emplois, lesquels feraient de la culture en grand du ricin une abondante source de profits. Citons encore les dattes, si renommées, du Djérid. En Tunisie, il y a plus de vingt variétés de dattiers, donnant quatre espèces de fruits : le *deyla*, la *horra*, la datte de Gabès et, enfin, une dernière beaucoup moins estimée. L'exportation des dattes atteint annuellement un chiffre considérable.

C'est aussi un fécond produit que l'amande. L'amandier est très répandu aux environs de Sfax, et sa culture pourrait être d'autant plus étendue qu'elle n'exige pas grand frais et que cet arbre a le privilège d'échapper à l'impôt. La figue est, elle aussi, très abondante; mais elle est le plus souvent consommée sèche et sur place : elle sert à la fabrication du raki. Quant à l'alfa, c'est, comme on sait, la plante maîtresse du nord de l'Afrique, servant à tous les usages pratiques, depuis les cordages, que Gênes prise tant, et les tapis-passage, si consistants, jusqu'au papier. En 1881, son exportation était de 2 millions de francs, dont 827,000 francs pour Sfax et 700,000 francs pour Gabès. La vigne, à en juger par ses échantillons fort réussis en vins blancs de Sfax et de Bizerte, vient très bien en Tunisie, où, néanmoins, elle est peu cultivée : il est à désirer que ce pays imite promptement l'Algérie, qui multiplie les vignobles; nos plants africains pourraient ainsi remplacer avantageusement ceux du Midi de la France, frappés du phylloxéra. Nous serions ainsi affranchis de l'onéreux tribut que nous sommes réduits à payer à l'Italie et à l'Espagne. Enfin, on trouve en abondance, dans les plaines salées des environs de Kairouan et aux alentours de Sousse et de Monastir, des plantes qui, par l'incinération, produisent une soude employée à la fabrication d'un excellent savon.

Une culture qui aurait besoin d'être relevée et encouragée, c'est assurément celle du tabac. Cette plante vient à merveille dans la Régence et y est de très haute qualité : toutefois, le cultivateur y a non seulement à lutter contre des charges accablantes, mais encore contre l'incurie d'une administration qui prend à tâche de décourager la production indigène. Il est certain que le gouvernement français, quand il le saura et le voudra, trouvera en Tunisie des tabacs en quantité suffisante pour notre consommation.

Le coton ne figure qu'à l'état d'essai ; blanc, fin et consistant, il donne déjà un bon augure pour l'avenir. La canne à sucre, cultivée jadis en grand, n'apparaît plus aujourd'hui que dans quelques jardins. Néanmoins, M. Wéber, ancien sous-directeur du Jardin des Plantes d'Alger, constate, après diverses tentatives consciencieuses, que l'industrie de la canne et celle des alcools seraient les plus belles qu'on pût créer dans le pays.

Si nous notons ici des salines très heureusement situées, des pêcheries lucratives, si nous signalons encore les marbres luxueux du Schemtou, remarquables par la finesse de leur grain, le poli brillant dont ils sont susceptibles et l'étonnante variété de leurs teintes, parmi lesquelles le jaune antique que l'on croyait perdu, le rose aurore, le pourpre et le rouge vif, nous aurons passé en revue les principaux produits de la Tunisie. Ces produits sont exploités par des particuliers ou par des compagnies les unes déjà prospères, les autres en voie de le devenir. Mais toutes les ressources de la région sont loin d'être mises en œuvre; il en reste, et de fort importantes! Avis à l'esprit d'initiative.

Quant à l'industrie, elle se fait plus remarquer par ses promesses que par ses résultats.

Citons, d'abord, les arts d'ameublement : tapis genre turc, tantôt aux couleurs discrètes, tantôt aux fortes nuances très fondues, toujours touffus, moelleux, étouffant le bruit des pas; cafetans, burnous, algériennes de toutes couleurs, sur lesquelles se détachent de larges bandes aux teintes criardes; pantoufles, babouches, bottines en maroquin rouge brodées d'or et d'argent; brûle-parfums, mystérieuses lanternes en cuivre ou même en métal précieux, bijoux d'or et d'argent enchâssés de pierreries; harnachements variés, parmi lesquels des selles brodées hors de prix; armes très sculptées, stucs en plâtre fouillé par le canif, poteries d'un cachet original et d'une teinte inimitable. Voilà pour la joie des yeux.

Voici, maintenant, pour la joie de l'estomac. Aimez-vous les sirops et les liqueurs? On en fabrique de toute sorte, depuis le sirop de harem, tels que le fade sirop de violette et le non moins fade sirop de cédrat, jusqu'au raki, composé d'alcool de figues à base d'anis. Il y a aussi les eaux distillées, entre autres l'eau de roses, d'un prix de nabab, et les eaux minérales : c'est l'agréable mélangé à l'utile. Êtes-vous gourmet? Faites votre choix! Regardez les beaux échantillons de semoule fine, de grosse semoule et de semoulette que fabrique l'usine Valenzi, à Djerda; on les préfère, comme qualité, au vermicelle. Il y encore des conserves de palamita, poisson plus fin que le thon, et d'allache, variété de sardines.

Nous rentrons dans la catégorie des choses utiles avec les éponges, qu'on pêche entre le cap Kapoudiah et la frontière tripolitaine.

Tels sont les principaux produits de la Tunisie.

Quant à la grande industrie, le peu qui en a survécu disparaît, il faut l'avouer, chaque jour. On fabrique encore pourtant, dans certaines localités, à l'aide de métiers primitifs, des tissus assez curieux; à Tunis, des étoffes de laine et de soie, des burnous, des bonnets rouges, des broderies d'or et d'argent; dans l'île de Djerba, des étoffes laine et soie pour l'exportation; dans le Levant, des tissus de coton, des couvertures et des vêtements de laine pour les indigènes; dans le Djérid, des tissus laine et soie, des couvertures et des burnous; dans le Sahel et la province de Sfax, quelques cotonnades et des couvertures grossières. L'industrie des bonnets rouges, ou *chachias*, était autrefois très importante, employant environ 150,000 kilogrammes de laine fine : cette fabrication, qui alimentait tout le Levant, a considérablement baissé par suite de la concurrence des fabriques françaises, italiennes et ottomanes. Ces bonnets rouges sont très renommés pour leur solidité et pour leur belle couleur, qu'on attribue à la qualité des eaux locales.

Il existe encore dans la capitale des tanneries assez importantes, où l'on fabrique des maroquins rouges et jaunes ayant une certaine réputation. On en trouve également à Kairouan.

Quant à l'art de bâtir, il est en complète décadence. Les constructions indigènes n'ont plus aucun style, et les ouvriers capables d'exécuter ces arabesques en plâtre que l'on admire dans quelques palais sont devenus très rares. De même, les appareils mécaniques fabriqués par les Arabes, moulins ou pressoirs, sont les plus rudimentaires.

Depuis 1882, l'importation a augmenté considérablement en Tunisie. En 1880, elle ne représentait que 23,285,464 piastres; en 1882, elle atteignait 45 millions : depuis lors, elle a encore progressé annuellement. Les produits européens se vendent non seulement à notre armée d'occupation, mais encore à la population indigène, qui s'accoutume à ces articles. L'augmentation porte, surtout, sur les objets de consommation : farine, légumes, bières, vins et spiritueux, denrées coloniales, etc.; sur les matériaux de construction, la ferronnerie, la mercerie, la passementerie, les étoffes pour vêtements, le savon, la bougie, etc. On voit que nos négociants peuvent aller tenter la fortune dans ce pays.

Ce qui manque à la Tunisie, ce sont les voies et les communications, tout à fait insuffisantes. Ce qui la rend fâcheusement stationnaire, c'est la paresse et l'inhabileté des indigènes. Par contre, le travailleur européen y est trop cher, la production à la vapeur dispendieuse, la force hydraulique rare. Mais ces diverses causes ne sont pas des vices rédhibitoires dont ne puisse aisément triompher une action énergique et persistante : or cette action se produira avec d'autant plus d'efficacité que les réformes économiques et administratives accomplies, sans compter celles qui sont à la veille d'être réalisées, rendront le travail plus libre et donneront au pays la complète disposition de lui-même. En tous cas, en Tunisie, c'est le fonds qui manque le moins.

CHAPITRE X

L'INFLUENCE FRANÇAISE EN TUNISIE

La France, en acceptant le protectorat de la Régence, ne s'est point dissimulé de quelles charges matérielles et morales elle prenait la responsabilité. La tâche était lourde. Elle s'en tire à son honneur.

Elle a réformé tour à tour l'administration, les finances, l'armée, la justice, la police; elle a créé des hôpitaux, une Chambre de commerce, une Chambre syndicale, une Banque; elle a doté Tunis d'un Musée pour ses antiques, d'une Société hippique pour l'amélioration de la race chevaline ; elle a percé des boulevards, construit des routes, édifié des quais et des phares, installé de nouveaux marchés. En un mot, la France n'a épargné ni son temps, ni sa peine, ni son argent, ni ses hommes.

Aussi qu'est-il arrivé ?

A la suite des changements politiques qui se sont produits dans la Régence, la population européenne s'est accrue en nombre, — sans tenir compte, bien entendu de l'armée d'occupation. — Les troupes françaises ont entraîné derrière elles une foule de gens qui ont établi des cantines, des cafés, des auberges, des débits de boissons de toutes sortes, et qui sont restés là-bas. L'occupation a également attiré un certain nombre de travailleurs, pour la plupart italiens, que l'on a employés aux travaux des ponts et chaussées et des télégraphes. En outre, tandis qu'auparavant les Européens se gardaient de pénétrer dans l'intérieur du pays et même, à l'exception de Tunis et de la Goulette, n'habitaient qu'en très petit nombre les villes du littoral, ils n'ont plus hésité à s'établir sur tous les points de la région depuis la construction des chemins de fer français. Enfin on constate, depuis le commencement de 1884, que beaucoup de riches particuliers et de Sociétés par actions se livrent à des entreprises agricoles et à l'exploitation des mines.

Veut-on encore un trait plus caractéristique?

D'un travail sur l'émigration italienne en 1883, publié sous la direction de M. Bodio, il résulte que la seule partie de l'Afrique sur laquelle se dirige cette émigration est celle occupée par les Français. De telle sorte que, pendant que les politiques transalpins gallophobes déclament contre la colonisation française et veulent en empêcher le développement, les travailleurs, qui sont ce qu'on appelle avec raison « l'Italie réelle », n'ont qu'un souci, celui de profiter de cette colonisation et de s'y associer.

Mais la France a voulu faire plus encore : elle s'est efforcée de répandre l'instruction ; elle la donne à tous, et à tous les degrés.

Quelques mots sur cette importante question spéciale.

En 1882, Tunis comptait six écoles primaires de garçons et trois écoles de filles, dont la liste suit :

1° L'École Protestante, comprenant cent vingt-cinq élèves, presque tous israélites. Il y avait un professeur européen et trois professeurs indigènes. La langue officielle était l'italien, mais on y enseignait le français et l'arabe aux élèves les plus avancés. Aucune rétribution scolaire n'était exigée des écoliers, les frais de l'institution étant supportés par la Société Londonienne pour convertir les Juifs, dont le président était lord Salisbury. L'école se tenait dans une maison particulière, prise en location.

2° L'Ecole des Frères de la Doctrine Chrétienne, renfermant trois cents élèves environ. Les cinq professeurs étaient congréganistes, et le français la langue officielle ; mais on y enseignait facultativement l'italien et l'arabe. Les élèves, presque tous payants, étaient recrutés parmi les Européens, les Maltais et les Juifs. Le gouvernement français accordait à cette école une subvention annuelle de 6,000 francs. Le local était une ancienne caserne, prêtée par le gouvernement tunisien.

3° L'École Italienne, recevant près de deux cent cinquante élèves, presque tous payants. Seuls, les Italiens pauvres y étaient reçus gratuitement. On y employait presque exclusivement des professeurs italiens, enseignant les programmes admis en Italie, d'où l'on faisait venir les livres et le matériel de classe. Le gouvernement italien donnait annuellement à cette institution une subvention de 39,000 francs, dont une partie consacrée à l'École des filles, dont nous parlerons plus loin. Le local appartenait au gouvernement italien, qui l'avait fait bâtir à ses frais. Un décret récent venait d'assimiler cette école à celles du royaume et de l'enlever, en conséquence, à la compétence du ministre des affaires étrangères pour la placer sous celle de son collègue de l'instruction publique.

4° L'École Sadiki, fondée par l'ex-ministre Khéredine, comprenant cent cinquante élèves musulmans, absolument gratuite. Les élèves, admis au concours, y étaient en plus nourris, même quelques-uns logés. Cet établissement, installé dans une ancienne caserne, avait été doté par le Bey d'une grande quantité d'immeubles pris sur les dépouilles de l'ancien Khaznadar. Trois Français de Tunis y enseignaient les mathématiques, le français et l'italien. L'école était dirigée par le président du conseil municipal.

5° L'École de l'Alliance Israélite. Les enfants pauvres de la communauté juive y étaient instruits, nourris et habillés. Elle en comptait huit cents et était soutenue par l'Alliance de Paris. Toutefois quelques catholiques, Français ou Maltais, suivaient ses cours, son enseignement étant laïque. Plusieurs rabbins, chargés d'enseigner la lecture de la Bible aux petits juifs, étaient relégués au second plan. Cette école était excellente, mais elle n'était pas suffisante, les Juifs de Tunisie étant littéralement assoiffés d'instruction. Leurs enfants allaient partout, et l'on s'était trouvé absolument « obligé », à l'École Protestante, à l'École Italienne et à l'École des Frères, de ne pas faire de classe le samedi. Les enfants juifs, qui ne pouvaient entrer, faute de place, à l'École de l'Alliance, fréquentaient de préférence l'École des Frères et l'École Italienne.

On remarquait, à cette même date de 1882, que la population maltaise était, avec la population arabe, celle dont l'éducation avait été la plus négligée ; faute grave, car cette population, très intelligente, rendra d'incomparables services le jour où l'on se décidera à la tirer de l'état d'ignorance dans lequel elle végétait, bien malgré elle, à cette époque encore. M. le cardinal Lavigerie était le seul homme qui eût compris le parti qu'on pouvait en tirer : à cet effet, l'éminent prélat proposait de créer uniquement pour les Maltais une école et un orphelinat, double mesure excellente.

6° L'École de Saint-Louis de Carthage, renfermant environ cinquante élèves, dont quatre Arabes et deux Juifs, tous payants et pensionnaires internes. Le gouvernement français avait accordé à cet établissement, exclusivement congréganiste, un certain nombre de bourses. Son emplacement est très bien choisi, quoique manquant d'eau, qu'il faut aller chercher à une centaine de mètres plus loin ; les locaux sont spacieux et aérés : la gare voisine lui est, en outre, fort utile.

Quant aux trois Écoles de filles, fréquentées par une population totale de six cents élèves environ, c'étaient : 1° l'établissement tenu par les Sœurs de Saint-Joseph, comptant cent soixante-quinze élèves dans le même local que l'hôpital catholique et tenue par le même personnel ; 2° l'École Protestante, avec à peu près deux cents petites juives, toute gratuite ; 3° l'École Italienne, avec deux cents jeunes filles et trois maîtresses, annexe à l'École Italienne des garçons, comme nous l'avons déjà dit. Mais ces écoles étaient tout à fait insuffisantes, les seules familles riches, chrétiennes ou juives, faisant donner à leurs filles une éducation quelconque, les filles pauvres se bornant à courir les rues. C'était donc pour l'éducation des filles que M. le cardinal Lavigerie et l'Alliance Israélite avaient le plus à faire. Or, leurs ressources personnelles n'y eussent jamais suffi. Il y avait là un problème pressant à résoudre.

Ce qu'il importait, surtout, de ne pas froisser, c'était le sentiment religieux des indigènes, très respectable à coup sûr, mais aussi très arriéré. On sait de quelle façon sommaire ils entendent l'école. Ils reçoivent l'enseignement soit dans des *mekateb* (écoles primaires), soit dans des *medâres* (écoles supérieures). Dans les premières, entretenues au moyen de biens immobilisés et inaliénables qu'on nomme *habous*, on apprend le Koran et rien que le Koran ; la grammaire, l'histoire et la géographie sont tenues pour choses inutiles, l'effort machinal de la mémoire y étant seul, au contraire, pris en estime. Dans les secondes, on adjoint à l'étude approfondie du Koran celle, plus ou moins indirecte, plus ou moins accessoire, de la grammaire et du droit. Bref, ce sont là des institutions locales ayant un caractère confessionnel nettement accusé, qu'on ne peut songer à transformer, la moindre atteinte à leur coutume nous aliénant les Musulmans sans aucun profit. On n'était en droit de compter, en un mot, que sur le collège de Sadiki, constituant un établissement exceptionnel, sur lequel, par conséquent, des modifications ultérieures pouvaient porter. Grâce à ces modifications, ce collège est devenu actuellement une véritable pépinière de futurs instituteurs indigènes.

On voit à quelles difficultés se heurtait le bon vouloir de la France. Pourtant, elle ne pouvait laisser les choses en l'état, ses intérêts s'y opposant. Une simple Société particulière, inspirée par son seul zèle, et soutenue par ses seules ressources, ne tenant compte uniquement que d'une préoccupation patriotique, sans esprit de caste ni de parti, s'empara alors de l'idée, en fit son entreprise spéciale, et réussit à la mener à bien. Cette Société, c'est l'*Alliance française* pour « l'Enseignement de la Langue nationale », œuvre admirable et justement admirée, toute de désintéressement, mais aussi toute d'utilité. En peu de temps, elle a reconstitué la situation.

M. P. Foncin, son dévoué secrétaire général, nous fournit à cet égard des chiffres instructifs. Grâce à la fraternelle et patriotique entente du cardinal-archevêque, des pasteurs protestants et des rabbins, comme aussi des résidents français de toute opinion et de toute situation, dès 1884, l'intérieur de la Régence se trouvait doté de divers établissements d'éducation.

A Tunis même, le cardinal a transféré, au mois d'octobre 1882, le Collège de Saint-Louis-de-Carthage dans le quartier de la Marine, au centre même des affaires, à proximité des familles européennes. Aussi, en 1884, le collège comptait déjà deux cent quarante élèves, dont cent six Français, c'est-à-dire près de deux cents enfants et jeunes gens de plus. L'École des Frères en comprenait quatre cent quarante-huit, l'École des Sœurs cinq cent quarante-un; autres progrès marqués.

Quant à l'École de l'Alliance israélite, ses élèves dépassaient neuf cents; de plus, elle avait fondé en 1882 une école de filles, qui s'était rapidement élevée à deux cent trente-deux élèves.

En dehors de Tunis, les résultats acquis étaient aussi merveilleux.

A la Goulette, une école de Frères comptait cent élèves, et une école des Sœurs cinquante-deux. A Sousse, l'école des Sœurs en comprenait cent dix, et celle de l'Alliance israélite pour les garçons cent soixante-quinze ; une seconde école française catholique de garçons en possédait soixante-dix. Ajoutons l'école de filles des Dames de Sion à Tunis, soixante et une élèves; celle de la Marsa, vingt-trois ; celle de Bizerte, soixante-neuf ; celle de Béja, quarante-cinq ; celle de Monastir, vingt-neuf ; celle de Mehdia, soixante-dix ; celle de Sfax, cent trente et un ; celle de Djerba, quatre-vingt-six. Joignons-y l'école des garçons de Sfax, avec cent trente élèves, et l'école israélite des garçons de Medhia, qui en compte cinquante-quatre. Voilà, on en conviendra, de nouvelles victoires pour l'influence française. Que n'en remportons-nous de pareilles ailleurs! L'honneur en revient très légitimement à M. Cambon, notre ministre-résident, et à M. Machuel, l'habile et savant directeur de l'enseignement public dans la Régence.

Le gouvernement français a complété son bienfait par la création d'une Ecole Normale, inaugurée au mois d'octobre 1884, à laquelle les familles musulmanes pourront envoyer leurs enfants sans être retenues par aucun scrupule religieux. Le programme des études comprend le

Koran, la grammaire et la littérature arabes, les éléments du droit musulman, la calligraphie arabe, la grammaire et la littérature française, l'arithmétique, la géométrie, l'algèbre, la comptabilité, l'histoire et la géographie, le dessin, les langues vivantes. Des cours spéciaux de latin et de grec sont faits aux élèves dont les parents en témoignent le désir. Les élèves qui se destinent à la carrière de l'enseignement sont admis gratuitement, et recrutés par la voie des concours. L'établissement reçoit en outre des pensionnaires, des demi-pensionnaires et des externes.

Ces institutions auraient besoin d'un budget assez gros, et nous ne leur fournissons jusqu'à présent qu'un appoint minime. A côté, l'Italie donne annuellement à ses écoles une subvention de 60,000 francs. Or c'est là justement la somme annuelle que la France se doit de consacrer aux siennes. Espérons que nous nous déciderons à ce sacrifice nécessaire avant peu.

Quoi qu'il en soit, la France a droit désormais à la reconnaissance de la Tunisie, qu'elle a régénérée déjà, qu'elle achèvera de régénérer tant au point de vue moral qu'au point de vue matériel. Mais c'est en y développant surtout l'instruction que nous réussirons à l'absorber, à la civiliser, à en faire une terre française, comme l'Algérie.

CHAPITRE XI

POPULATION, MOEURS ET COUTUMES

Jetons, maintenant, un coup d'œil rapide sur les curieuses coutumes des diverses races, si juxtaposées, qui peuplent la Tunisie. On conçoit, tout d'abord, que cet assemblage hasardé de Berbères, d'Arabes, de Maures, de Turcs, de Koulouglis, de Juifs et de Nègres, sans compter le voisinage des Chrétiens de toute race, ait engendré, sur ce sol particulier, autant de sociétés séparées, qui se méprisent réciproquement et s'isolent les unes des autres sans que le temps et le frottement puissent amener leur fusion par l'effacement des vieux préjugés. Les Maures persistent à se marier entre eux, et jamais un Arabe ne consentirait à unir sa fille à un Maure, pas davantage à un Kabyle. Quant aux Juifs, ils vivent à part, comme dans le reste de l'univers, n'ayant avec le dehors que des relations d'intérêts ou de commerce. Tous ces peuples, pourtant, ont certaines traditions et coutumes communes, telles que l'hospitalité, le respect filial, l'amour du merveilleux, le fatalisme, le culte des ancêtres et des morts, la jalousie, les superstitions et plusieurs autres encore, dont nous allons essayer de donner une idée.

La plus belle et la plus noble race est celle du Berbère, ou Kabyle, l'habitant de la montagne, homme franc, droit, hospitalier, généreux, mais dont la vengeance est à redouter. Il est orgueilleux de sa force, de son intelligence, de sa liberté relative, et il dédaigne hautement la vaniteuse ostentation si chère au reste des Orientaux. Son costume est des plus simples, avec sa courte chemise en laine, son haïk fixé autour du front par une corde en poils de chameau, sa calotte en feutre blanc, ses pieds sans chaussures. Ses maisons, de pierres ou de briques, couvertes en chaume ou en tuiles, sont confortables et propres. Il est industrieux et commerçant. Ses femmes, aussi robustes que lui, sont peu coquettes et ne se voilent pas le visage : elles vaquent aux rudes travaux agricoles tout autant qu'à ceux du ménage, mais sont traitées avec égard par leurs maris, on peut même dire sur le pied d'une absolue égalité. Les deux sexes ont une haine profonde pour les Arabes.

Le Kabyle a souvent le front tatoué d'une petite croix. M. Charles Nodier assure que cet usage remonte à l'invasions des Vandales. « Les vainqueurs, écrit-il, ayant exempté de tout impôt les populations chrétiennes, celles-ci, pour éviter toute contestation, adoptèrent le signe d'une croix tatouée sur le front; et les Kabyles ont conservé cette coutume en changeant de religion, comme ils avaient conservé jadis, pendant qu'ils étaient chrétiens, plusieurs pratiques du paganisme. Ces traces intéressantes du règne des idées chrétiennes parmi les peuples du littoral de l'Afrique, burinées sur le front en caractères que les générations se transmettent sans en comprendre le sens, sont peut-être une espérance pour l'avenir en même temps qu'un témoignage du passé. » Le perspicace écrivain avait prévu la vérité: les Kabyles sont nos meilleurs auxiliaires dans cette France Africaine qui nous a coûté si cher; c'est à eux que nos préférences, s'il y a lieu d'en manifester, devront toujours s'adresser.

Le Kabyle est trapu et de formes maigres. A côté de lui l'Arabe tranche par sa taille élevée et sa belle prestance. Il est brave, impétueux, persévérant, fier, fidèle à ses engagements, chevaleresque; il ne connaît de mesure ni dans le dévouement ni dans la haine; il ne respecte que la force, même la plus brutale. J'aime mieux le Kabyle qui, lui du moins, a le sentiment haut de son humanité. Ce qui fait encore l'infériorité de l'Arabe, c'est d'abord son goût nomade, puis sa paresse et son avarice, qu'il ne surmonte accidentellement que par vanité. Il est hospitalier, à coup sûr, et dans les limites les plus larges ; mise, cette hospitalité qu'il donne pour se conformer aux prescriptions sévères du Prophète, il sait bien qu'il pourra en user amplement à son tour : au fond, il ne prête que pour recevoir. Le Kabyle, aussi bien le Djébélia de Tunisie que le Djurjurien d'Algérie et le Chasura du Maroc, ne ressent point ces arrière-pensées mesquines ; il accueille l'étranger parce que celui-ci est « l'hôte de Dieu », et il n'en demande pas davantage.

La femme arabe ne figure guère dans l'échelle sociale de sa race qu'au rang des animaux utiles : assurément, aux yeux de son mari, elle est inférieure au cheval et au chameau ; ce n'est qu'une bête de somme en plus, mais patiente et résignée. La maternité ne la relève pas de son abaissement quasi légal, et, quand elle ne peut plus servir à rien, une répudiation subite la récompense de ses longues années de dévouement muet. La Religion elle-même lui refuse ses consolations et lui interdit l'accès des mosquées.

Les Maures constituent l'aristocratie du pays. Leur joyeux embonpoint prouve qu'ils coulent une vie douce. Ils prennent, en effet, l'existence comme elle vient, sans souci de ses retours, qu'ils savent d'ailleurs fort bien conjurer. S'il ne fait rien, le Maure prie, fume ou rêve. S'il se livre au commerce, ce sera toujours à un négoce élégant ; car il n'oublie jamais qu'il descend des conquérants de l'Espagne. Quoique hautain, il est toujours poli, digne et plein de tact. Il ne fréquente guère en dehors de sa caste.

La femme mauresque, généralement d'une grande beauté, vit dans une oisiveté complète, mais dans une absolue privation de liberté. Ne pouvant sortir du harem, elle essaye de se distraire par de perpétuels changements de toilette. La jalousie conjugale la contraint, quand elle va rendre visite à une amie, à s'envelopper d'une masse de vêtements informes qui la dissimulent complètement et sous lesquels elle n'apparaît que comme un disgracieux paquet : en outre, si sa fortune le lui permet, elle ne pourra prendre l'air extérieur que dans une voiture hermétiquement close. Dans tous les cas, un ou deux serviteurs l'escortent pour la protéger contre une entreprise imprévue ou prévue. Les jeunes Maures se marient donc forcément sans connaître leur fiancée autrement que par le récit intéressé des intermédiaires, ce qui explique la fréquence des divorces.

Quant aux Juifs, leur type est très beau, et ils l'agrémentent encore avec leur chachia rouge, que ceint une cravate noire en manière de turban, leurs deux vestes, leur large culotte turque, leur ceinture autour des reins et leur petit burnous en drap jeté sur l'épaule. Ils sont intelligents, actifs, mais avares, trop obséquieux ; se livrant au commerce, à la banque, au courtage ou à l'usure, presque tous sont riches, bien qu'ils affectent de passer pour pauvres.

Leurs femmes, ne se voilant jamais, ne cachent ni leurs charmes réels ni le luxe de leur toilette, d'une splendeur éblouissante dans les grandes fêtes. Elles se marient jeunes, entre douze et quinze ans, mais enlaidissent vite, par suite de cet engraissement anormal auquel on les soumet pour leur donner la boursouflure graisseuse qui constitue, aux yeux des gens du pays, la suprême beauté. Même parfois, constate M. des Godins de Souhesmes, « les malheureuses succombent à ces pratiques, surtout quand, fiancées à un homme veuf, il faut qu'elles remplissent la capacité des bracelets qui ont appartenu à sa précédente femme; mais, si elles ont pu supporter ce régime, il est rare qu'elles perdent par la suite leur volumineuse difformité. »

Disons, enfin, que les Turcs, ne pouvant renoncer tout à fait aux souvenirs de leur ancienne puissance sur Tunis, recherchent de préférence les emplois où ils pourront exercer un semblant d'autorité. Croyant ainsi avoir conquis une part des marques de déférence accordées à leurs maîtres, ils se consolent volontiers de la réalité. Une fonction subalterne quelconque dans un consulat européen leur agrée tout particulièrement; à l'abri du drapeau étranger qui les couvre, ils peuvent commander eux-mêmes. C'est une déchéance, mais les Turcs ne la ressentent point. Ils portent la chachia de forme haute, affectent un air farouche, soignent leur teint blanc et effilent constamment leur moustache fièrement retroussée. Les Indigènes n'en prennent aucun souci.

En dehors du courant des affaires ou des intérêts quelconques, constituant à proprement parler la vie intérieure et normale des diverses races précitées, de quelle façon, méthodique ou autre, se passe l'existence des Indigènes ?

Trois uniques plaisirs existent pour les habitants des villes tunisiennes: les bains, les cafés, les almées. Nous allons également les décrire d'une façon sommaire.

Nous passerons d'un seul coup sur le bain des hommes, suffisamment connu (1). Nous constaterons, toutefois, que les Européens s'habituent volontiers, et avec raison, à sa pratique, très hygiénique, pourvu qu'on n'en abuse pas. Nous ajouterons que, les bienséances musulmanes ne tolérant pas pour le bain la réunion des deux sexes sous le même toit, les hommes s'y rendent de huit heures du soir au lendemain à midi, et les femmes de une heure à sept heures du soir. Cela remplace nos Cercles, et nous ne croyons pas que personne ait à se repentir de ce changement d'institution. Pour ce qui concerne le bain des femmes, nous laissons, cette fois encore, la parole à M. des Godins de Souhesmes, qui, en ces sortes de détails intimes, est un observateur fort exact. « C'est au bain, constate-t-il, que, débarrassées de la tyrannique surveil-

(1) Consulter : A TRAVERS L'ALGÉRIE, par le Dr L. M. Reuss. (Degorce-Cadot, éditeur.)

lance du harem, les femmes se dédommagent de la réclusion qui leur est imposée. Ici, point de contrainte, mais la liberté, ce rêve de toute leur existence, et mille attraits qui en font une véritable fête. Sous prétexte d'hygiène et d'obéissance au Koran, elles peuvent ainsi narguer impunément le despotisme jaloux de leurs époux. Elles s'en donnent à cœur joie, bien persuadées que personne n'oserait les empêcher de se rendre au bain, puisque c'est un devoir religieux. Elles causent, rient, écoutent les nouvelles du jour, étalent leurs toilettes, combinent des mariages, se complaisent à une foule de caquetages qui, de tout temps et dans tous les pays, ont été la suprême récréation féminine. Malheureusement tout ne se passe pas toujours en innocents caquetages ; que de drames, que de châtiments terribles en sont souvent les conséquences !

Nos romanciers contemporains ont amplement abusé, dans leurs descriptions pseudo-orientales, de cette donnée facile autant que dramatique.

Inutile de constater que ces bains, la plupart du temps, sont installés somptueusement, en vrais salons de conversation qu'ils sont réellement. En dehors des villes, près des sources d'eau chaude qui jaillissent fréquemment sur le sol tunisien, on s'établit à moins de frais ; les Arabes nomades ne tiennent qu'à profiter de leurs vertus curatives, et le reste leur est indifférent. Ils viennent alors planter leurs tentes près du hammam, et il se forme ainsi aux abords une véritable ville d'eau dont les maisons mobiles changent avec les malades. « L'intérieur du hammam, d'après MM. Cagnat et Saládin, se compose de deux pièces : la première est garnie tout autour de tentures, derrière lesquelles les baigneurs et baigneuses (car le beau sexe y est représenté par des échantillons rarement flatteurs) vont se reposer en sortant de la piscine ; dans la seconde se trouve un bassin, d'où sort la source. » C'est modeste, mais suffisant.

. Les cafés, qui sont le second intermède extérieur de la vie orientale, ne ressemblent guère à nos établissements français du même nom : ce sont de simples salles blanchies à la chaux, avec des banquettes circulaires et des nattes. On sait, d'autre part, comment les *quahouadji* préparent leur renommé breuvage (1), bien inférieur à sa réputation. Ce qui est à noter, c'est la bienséance stricte qui ne cesse jamais de régner dans les cafés maures, si modestes qu'ils soient. A ce point de vue, nous souhaitons franchement que la civilisation européenne ne substitue jamais nos fantaisies douteuses à la tranquille convenance de ces honnêtes endroits. On y rit, on y cause, on y fume, on y bavarde sans bruit. Des troupes de musiciens ambulants, des improvisateurs populaires, des déclamateurs

---

(1) Voir mon livre intitulé : PAR TERRE ET SUR MER DE MARSEILLE A SINGAPORE (Paris, 1883, Degorce-Cadot), pp. 112 et 122-127.

de circonstance rompent fréquemment leur paisible uniformité: mais la gravité polie du lieu ne disparaît point pour cela.

Les danses d'almées constituent la troisième et dernière phase de cette existence peu difficile à égayer. Constatons simplement qu'elle est moins innocente, et n'insistons pas trop. La musique qui les accompagne est un vrai charivari: mais les oreilles musulmanes ne ressentent pas, à ce qu'il paraît, les mêmes exigences que les oreilles chrétiennes, et cela est heureux pour elles. Ces sortes de petits ballets, souvent peu décents, se terminent par une quête au profit des almées.

Telle est la vie tunisienne des villes, au moins dans son aspect extérieur; mais son côté domestique et intime nous échappe, et il nous échappera pendant longtemps encore.

Dans la campagne, les mœurs diffèrent peu.

Nous conseillons aux Européens qui désirent se voir rendre des honneurs plus ou moins désintéressés durant leur parcours de la Régence, surtout dans les localités écartées, de se munir d'une trousse sommaire et d'une boîte pharmaceutique quelconque ; ils auront occasion d'utiliser, au profit de leur prestige et de leurs intérêts immédiats, ce supplément de bagages. S'ils réussissent dans leurs cures accidentelles, ils deviendront aussitôt de grands hommes, dont la réputation s'étendra jusqu'aux frontières ; si le malade meurt entre leurs mains, leur « respectabilité » n'en souffrira pas, car ce qu'Allah a fait ne peut être défait par l'homme. Formule consolante, que l'Europe rétrograde n'a point encore admise. Mais l'Orient ne voit pas les choses du même œil que nous. « Le titre de médecin, constatent les docteurs Rebatel et Tirant, est, dans ces pays, après un bon fusil, le meilleur passe-port. De plus, il permet de voir et d'observer bien des choses que, sans lui, le fanatisme cacherait inexorablement à des yeux chrétiens. » Et cela s'explique quand on songe qu'il n'existe, en Tunisie, d'autres médecins que les barbiers! Beaumarchais avait là des précurseurs. Il y a bien à côté d'eux les marabouts, que leur sainteté reconnue dispense de recourir à la thérapeutique ordinaire, les *thèbib*, ou vrais savants impeccables, les *mdaouï*, ou simples guérisseurs, les *quabela,* ou sages-femmes, les *cana,* bandagistes et dentistes; autant d'estimables engeances généralement inoffensives par suite de leur habitude de traiter principalement par amulettes, paroles cabalistiques, conjurations et autres menues ordonnances spirituelles; joignons-y les charlatans, les nécromanciens et tireurs d'horocospes, qui se font bien, eux aussi, à l'occasion quelques petits revenus: mais à tous ces praticiens réunis le peuple préfère encore, non sans raison, l'Européen. Avis aux touristes!

Nous recommanderons, également, aux artistes divers tableaux de genre, qui ne sont pas à dédaigner. L'accueil que les chiens des villages arabes font au voyageur égaré vaut, notamment, qu'on le reproduise. Généralement, ces maudits animaux reçoivent fort mal l'Européen. Bien qu'enfermés dans l'intérieur des maisons, ils le sentent passer dans la rue: d'un bond ils jaillissent sur les terrasses et y courent comme des possédés, hurlant, jappant, montrant deux rangées de dents blanches longues et acérées. Ces chiens, dont on retrouve partout des spécimens dans les douars, ressemblent à de petits loups : leurs oreilles sont pointues, leur queue peu fournie; leurs poils, ordinairement assez longs, durs comme des crins, d'un blanc douteux, se hérissent sur leur dos comme autant d'arêtes lorsqu'ils sont en colère. En réalité, ils sont plus effrayants que dangereux. Néanmoins, leur vacarme cause, au premier abord, un certain émoi.

Les femmes arabes se rendant à la fontaine pour y puiser l'eau nécessaire à la consommation de la famille fournissent une autre étude, non moins intéressante. Elles descendent par groupes de trois ou quatre avec de grandes jarres en terre qui reposent sur leur tête et qu'elles soutiennent de leurs bras nus, ou avec des outres de peau de chèvre qu'elles portent sur le dos; puis, quand elles ont fait leurs provisions, elles retournent plus ou moins péniblement à leur demeure, tandis que les hommes, assis à la porte de la ville ou du village, ou bien couchés dans un café, devisent tranquillement entre eux, comme il convient au sexe fort, qui ne doit rien faire.

La cueillette des olives est d'un motif plus gracieux. Voici comment la chose se passe. Les hommes entrent les trois doigts du milieu de la main droite dans des cornes de mouton; ainsi armés, ils montent sur les oliviers et saisissent alors les branches l'une après l'autre, comme en une sorte de râteau, puis les suivent depuis leur naissance jusqu'à leur extrémité. Fruits et feuilles tombent à terre, où les femmes s'occupent à recueillir les olives dans des grands paniers. L'âne de la famille est près de là, avec son petit *zambil* (panier double qui pend de chaque côté sur les flancs de l'animal); peu à peu la récolte s'amasse dans le panier, et, quand la nuit arrive, on reprend tranquillement le chemin du village. Si l'on a recueilli plus d'olives que l'âne n'en peut porter, les femmes sont là pour charger le reste sur leur dos, et l'homme conduit tout le troupeau devant lui.

Ce sont là des mœurs patriarcales, où l'histoire se mêle à une fantaisie de tradition séculaire. Qu'on se hâte de les reproduire avec soin, avant qu'elles se modifient ou même qu'elles disparaissent à notre contact.

CHAPITRE XII

SUPERSTITIONS RELIGIEUSES

Les populations tunisiennes sont superstitieuses, ce qui n'étonnera personne. Qui donc n'est pas superstitieux en Orient, non compris les Occidentaux eux-mêmes? La différence des mœurs musulmanes et des nôtres sur ce point est que, là-bas, on ne se cache point d'une crédulité excessive. Au fond, il en est ainsi partout, d'une façon ou d'une autre; la manifestation seule de sentiments ou d'impressions de cette nature se modifie simplement selon les climats ou d'après le degré de civilisation: en réalité, les hommes ne changent pas et leurs faiblesses restent les mêmes.

La plaie la plus vivace et la moins guérissable du Musulman, c'est le Marabout, véritable peste. L'Islam a produit et entretient des régiments entiers de moines mendiants et sales qui, sous prétexte d'inspiration céleste, exploitent outrageusement le troupeau timoré des fidèles. Le Marabout a pour profession avouée de ne rien faire, de méconnaître toute autorité légitime et de vivre grassement. Quand l'enthousiasme fait place à la tiédeur chez ceux de ses coréligionnaires auxquels il a par trop extorqué, son imagination acquiert des proportions gigantesques : il a des recettes pour toutes les maladies, des charmes infaillibles pour toutes les blessures ; il avale en public des scorpions ou mange des serpents ; si le zèle de ses ouailles se ralentit encore, il prêche « la guerre sainte », improvisation étudiée dont le produit est sûr. Autant de métamorphoses qui ne lui coûtent rien, mais qui lui rapportent tout. C'est un saint, quoi qu'il fasse, et il ose beaucoup. Le gouvernement français a pour devoir de surveiller étroitement les prédicants de cette espèce, qui ne se gêneront nullement pour prêcher l'insurrection en Tunisie s'ils y trouvent leur compte, comme ils l'ont fait maintes fois en Algérie, avec l'appui des Confréries religieuses musulmanes, dont ils préparent efficacement l'action.

A leur suite, figurent les « saints », c'est-à-dire les fous, considérés comme personnages sacrés et, à ce titre, recevant partout les présents les plus généreux et l'hospitalité la plus ample. Ce sont encore des individualités de catégorie dangereuse, qu'il est prudent de ne point perdre de vue, d'autant plus que le métier, étant lucratif, pousse bon nombre de gens actifs et audacieux à feindre de pa-

reils dehors. Les Arabes, au surplus, n'y regardent pas de
bien près : l'apparence leur suffit. Certains Européens

DERVICHE TUNISIEN.

même, par suite de leurs allures extraordinaires, ont joui,
sans qu'ils s'en doutassent, des bénéfices enviables de

cette exceptionnelle situation. A ce sujet, M. Henri Dunant rapporte une anecdote, aussi amusante que typique, dont un naturaliste allemand fut le héros. « Tout occupé de science, raconte-t-il, ce savant avait conservé le costume des Universités allemandes, le frac et le pantalon noirs, la cravate blanche, le chapeau en tuyau de cheminée. Dans ce costume un peu excentrique, il se mit à parcourir la Régence ; il la traversa tout entière, et passa au travers de tribus que le prince même de Tunis a de la peine à tenir sous sa dépendance, sans être en aucune façon inquiété, tracassé, volé ni maltraité. Bien au contraire, partout on s'empressa de lui offrir l'hospitalité, et on lui fit toutes sortes d'honneurs. Les Indigènes non seulement l'aidèrent dans ses recherches scientifiques, mais, empressés à lui être agréables, ils lui apportèrent des arbres énormes arrachés de terre à son intention. Ils l'avaient pris pour un fou à la vue de son costume, jamais pareil accoutrement n'ayant paru si proche du Désert, car les Européens appelés à voyager dans l'intérieur adoptent une partie du costume arabe. » On conviendra que, en semblable circonstance, plus d'un explorateur serait flatté d'être tenu pour « saint », ou pour fou, sans fausse honte d'appellation. Les Musulmans ne font, d'ailleurs, que se conformer strictement en cette question à la prescription positive du Prophète. D'habiles gens tirent un parti précieux de cette pieuse disposition d'esprit.

Si encore la superstition populaire se localisait, ne dépassant point une limite de convention appréciable, on en pourrait prendre son parti. Mais la tradition séculaire exige davantage. Dans de pareilles conditions, la bonne foi tourne au grotesque. Jugeons-en d'après M. des Godins de Souhesmes, que nous ne saurions trop citer.

« A Tunis, dit-il, les fausses croyances dominent à tel point, qu'on n'achève pas la construction d'une maison quand la personne qui la faisait bâtir vient à mourir. Il est d'usage que, à la pose de la première pierre, le propriétaire tue un bœuf et le donne aux pauvres. Mais ce sont, surtout, les Juifs qui se distinguent par l'exagération de ces vieux présages. Ainsi, au moment où l'un des leurs rend le dernier soupir, ils bouchent immédiatement les puits, les citernes et tous les réservoirs d'eau, dans la crainte que l'Ange de la Mort n'y trempe son épée sanglante et ne rende les eaux nuisibles ou mortelles. Ils redoutent principalement le mauvais œil, et cherchent par mille moyens à l'écarter de leurs personnes et de leurs demeures. Craignent-ils, par exemple, que quelqu'un ne leur nuise : ils ne seront tranquilles qu'après être parvenus à lui couper furtivement un morceau de son habit, qu'ils brûlent avec la conviction de n'avoir plus rien à redouter.

« Les habitations juives portent toutes, au lieu le plus apparent, une main avec les cinq doigts étendus. Elle est ordinairement peinte auprès de la porte du logis, et doit attirer sur elle les maléfices du mauvais œil. S'ils sont pris d'une crainte superstitieuse, les Israélites prononcent le nom de « Joseph », afin d'appeler sur eux ou sur la personne qu'ils veulent garantir du *Aïn* l'esprit de Joseph fils de Jacob.

« On retrouve chez les Musulmans la main préservatrice dont nous venons de parler, car les Maures et les Arabes ne sont pas moins superstitieux. Ainsi que les Juifs, ils croient au mauvais œil et l'écartent par les mêmes conjurations ; seulement, au lieu de dire *Joseph*, ils prononcent le mot *khamsa* (cinq), ou bien s'écrient : *Bel-haout-Alek* (que le poisson soit sur toi !). Dans toutes les constructions mauresques, on remarque une pierre noire ou imparfaitement taillée, se détachant au milieu des autres : cette pierre chasse les *djins* et les farfadets qui pourraient, dit-on, renverser l'édifice, si celui-ci était irréprochablement bâti. Or, les Orientaux admettent comme un dogme que nulle œuvre humaine n'est parfaite, et, pour être sûrs que leurs maisons pèchent au moins par un point, ils y placent la pierre enchantée.

« Il ne faut jamais devant un Juif ou un Musulman faire l'éloge soit d'un enfant, soit d'un animal domestique ; vous paraîtriez vouloir leur jeter un mauvais sort. »

Que nous reste-t-il encore à noter ? Les astrologues. Voilà d'heureux trafiquants ! Décidément, les Tunisiens sont gens d'attaque commode. Point! Ils n'ont que leurs travers propres. Qui n'en a pas ? Examinons, une fois de plus, leur théorie.

Les Musulmans prétendent que les planètes ont une influence décisive sur nos destinées, parce que, affirment-ils, le froid, le chaud, le sec et l'humide sont les quatre régulateurs de la Création. Qu'un enfant, qu'un cheval naisse la nuit ou le jour sous certaine position de telle ou telle planète, le sort et le caractère du nouveau-né seront prédits à coup sûr, l'animal aura plus ou moins de valeur. Voilà une doctrine que M. Louis Figuier ne récusera point. Suivant eux, le Soleil est le principe de la chaleur, et la Lune celui de l'humidité ; quant au froid et au sec, ils résultent de la conjonction ou du voisinage des autres planètes. Ils considèrent le Soleil comme l'astre le plus bienfaisant. Parmi les planètes, Jupiter a leurs préférences ; ils l'appellent *Es-Sâd-el-Kébir* (Grande-Fortune), à cause de son influence tempérée par un égal mélange de chaud et d'humide. Vénus n'est pour eux que la Petite-Fortune (*Es-Sâd-es-Sserhir*). D'après M. Henricy, ils tiennent pour funestes Mars et Saturne, surnommés Petite-Infortune (*El nehess-es-Sserhir*) et Grande-Infortune (*El-nehess-el-Kébir*), l'un étant à la fois chaud et sec, l'autre sec et froid. Les Arabes donnent à Mercure le nom de *Menafeug* (Changeur de Côté), montrant par là qu'il peut devenir bon ou malveillant, et qu'on ne doit

TANGER.

AU MAROC

CHAPITRE I

SITUATION GÉNÉRALE DU MAROC. — POPULATION ET MOEURS. — L'ESCLAVAGE

L'empire du Maroc, limitrophe de notre Algérie dans la partie ouest de l'Afrique septentrionale, est situé entre 28° et 36° de latitude nord et entre 3° et 14° de longitude occidentale de Paris. C'est le *Maghreb-el-Aksa* des Arabes. Borné à l'ouest par l'océan Atlantique, au nord par la Méditerranée, à l'est par l'Algérie, au sud par le Sahara, cet empire comprend une superficie d'à peu près 5,775 myriamètres carrés : il est donc un peu plus vaste que la France, autant, du moins, que sa délimitation incertaine permet d'en juger. Beaucoup de ses provinces nominales, en effet, vivent fort indépendantes. Dans tous les cas, ses limites dépassent de beaucoup l'ancienne *Mauritanie Tingitane* des Romains, laquelle n'allait point au delà de Salé et de Fez.

Sa population ne dépasse guère, d'après Klöden et Gerhard Rohlfs, 2,750,000 habitants.

Aucun pays, moralement parlant, n'est plus éloigné de l'Europe. A l'inverse des autres empires musulmans qui, lentement sans doute, mais peu à peu, s'ouvrent à la civilisation européenne, le Maroc semble mettre son honneur à se replier sur lui-même et à élever de plus en plus les barrières morales qui le séparent du reste du monde. Tel il était il y a un siècle, tel il semble aujourd'hui ; et un voyageur, rappelant que quelques lieues de mer seulement séparent Gibraltar de Tanger, a pu écrire : « Ici la vie fiévreuse et bruyante des villes européennes, et, à trois heures de là, le nom de notre continent résonne comme un nom fabuleux. Chrétien veut dire ennemi. Notre civilisation est ignorée, crainte ou bafouée. Tout est changé, depuis les premiers éléments de la vie sociale jusqu'aux plus insignifiantes particularités de la vie privée. On se trouve dans un pays inconnu, auquel rien ne rattache et où tout reste à apprendre. Et en trois heures s'est accomplie, sous vos yeux, la plus merveilleuse transformation à laquelle on puisse assister sur terre. »

Placé entre la Méditerranée et l'Océan, le Maroc, que ses habitants appellent *Maghreb* ou « Extrême-Occident », occupe en Afrique à peu près la même étendue que l'Espagne en Europe. Une longue chaîne de montagnes, dont les cimes se perdent dans les nues, le coupe de l'est à l'ouest ; au sud s'étend le Sahara. La légende rapporte que, aux temps fabuleux, Atlas était roi d'une terre où paissaient d'innombrables troupeaux, où croissaient des arbres aux feuilles éclatantes d'un or radieux, aux rameaux d'or, aux pommes d'or, protégés par de hautes murailles que gardait un terrible dragon. Un jour, Atlas fut pétrifié au centre de son empire, et, tandis qu'il soutient la voûte du ciel, il étend au loin ses bras comme pour ressaisir ce qu'il a perdu et cacher ses trésors. Quant au dragon à l'haleine de feu, c'est le Sahara, où le mortel *Simoun* soulève ses sables mobiles. Assurément, l'Atlas étend bien ses « bras » sur des trésors. Son sein recèle des mines d'or, d'argent, de cuivre et de fer inexploitées, et de ses entrailles découlent les rivières qui fertilisent la contrée entre lui et la mer. Cette fois encore, la légende, mise en œuvre « romantique » de la Nature, a dit vrai. Ainsi s'expliquent les Mythologies, idéalisations du réel. Le Naturalisme n'est pas d'hier. Au nord-est, la côte se hérisse d'une véritable muraille de rocs le long de la province du Riff, et le désert d'Angard est une barrière naturelle du côté de l'Algérie. Entre la triple ceinture des sables, des montagnes et des mers fleurissent les riants jardins du vieil Atlas. Coupé de vallons, de terrasses, de plateaux dont les expositions diverses favorisent la croissance de toutes les plantes, depuis les céréales jusqu'aux fruits des tropiques, le sol se couvre de riches moissons et donne jusqu'à trois récoltes par an, sans autre engrais que le fumier qu'y laissent les troupeaux ou les cendres de broussailles que l'Arabe pasteur brûle avant de remuer. Un frappant exemple de la vigueur de la végétation est donné par le voyageur anglais Jackson. « J'étais, dit-il, dans la province de Sous, que couvrent les plantations d'oliviers. Il y en a une très étendue aux environs de Messa. Les arbres en sont magnifiques et d'une très grande hauteur, mais disposés d'une façon bizarre. J'en demandai la cause, et j'appris qu'un des rois de la dynastie, de Saddi, étant en marche pour le Soudan, avait campé là avec toute son armée. Les piquets dont se sert la cavalerie pour attacher les chevaux avaient été coupés aux oliviers voisins et fichés en terre. Le camp levé, ils restèrent en place et produisirent ces gigantesques arbres. J'avoue que, tout en reconnaissant ce que l'explication avait d'ingénieux, car la plantation figure exactement l'arrangement de la cavalerie dans un camp arabe, je la traitai de fable ; mais, quelque temps après, je fus forcé d'y croire. J'avais fait venir quelques plantes pour un jardin que je possédais. Le jardinier apporta, entre autres choses, des baguettes de bois sans racines ni feuilles, d'environ dix-huit pouces de long et trois de circonférence. Il les enfonça à grands coups de pierre dans le terrain. Ne comprenant rien à cette manœuvre, je lui demandai ce qu'il prétendait faire et pourquoi il perdait ainsi son temps ? — Je ne perds

point de temps, me répondit-il ; je plante vos grenadiers !
— Peu convaincu, je tirai les bâtons de terre, lorsque des gens qui étaient proches, m'assurèrent qu'il n'y avait pas d'autre manière de planter ces arbres, qui ne pouvaient manquer, ajoutèrent-ils, de prendre racine avec la bénédiction de Dieu et de se couronner de feuilles l'année d'après. J'en laissai quelques-uns ; la prédilection s'accomplit. Ils s'enracinèrent et promettaient, lorsque je quittai le pays, de devenir de beaux et vigoureux grenadiers. »

Cette province de Sous formait autrefois, à elle seule, un royaume. C'est, aujourd'hui, la plus riche et la plus vaste province de l'empire. L'olivier, l'amandier, le dattier, l'oranger, la vigne et la canne à sucre y croissent spontanément. Un indigo d'un bleu vif pousse sans culture dans tous les terrains bas. A elle seule, cette région produit plus d'olives et d'amandes que toutes les autres provinces réunies. Le climat y est beau et salubre, excepté pendant la désagréable saison des vents chauds. Vers le commencement de septembre, le simoun mouvant du Sahara souffle avec violence pendant trois, sept, quatorze ou vingt et un jours. Ce vent précède, d'ordinaire, la saison de pluie ou *liali*. Il ne se fait guère sentir que dans le sud. En avançant vers le nord, les brises de terre et de mer soufflent alternativement. Les nombreux cours d'eau qui descendent des montagnes et les forêts qui en revêtent les pentes entretiennent dans l'atmosphère une fraîcheur agréable. Le doura, le blé, le riz, le maïs croissent dans les plaines du centre. On y recueille le coton, le tabac, l'indigo, la sésame, la gomme, le miel, la cire, le sel, le salpêtre, le chanvre, le safran, etc.

Comment se fait-il que, avec tant de ressources naturelles, le Maroc dépérisse ; que d'immenses jachères entrecoupent ses cultures ; que ce soit, à la fois, une contrée féconde et indigente ? C'est que, ici, l'homme ne fait rien pour aider la Nature. C'est que le peuple est paresseux, et que l'incurie générale est encore augmentée par les Sultans, qui défendent l'exportation du blé. Avec son système de montagnes, dont les ramifications plongent vers Tin-Boktou, le Maroc devrait être le trait d'union entre l'Europe et le Soudan. Ce rôle qu'il pouvait jouer, le Maroc l'a répudié. Il a repoussé l'échange des produits comme l'échange des idées. Lorsque l'Europe a voulu pénétrer dans le cœur du continent africain, elle a dû choisir d'autres voies : l'Égypte, le Congo, le Sénégal, le Cap. Le fait est d'autant plus étrange et fâcheux que le trafic du Maroc avec l'intérieur de l'Afrique est très considérable et très ancien. Chaque année, de grandes caravanes quittent Fez, chargées de draps anglais, de jais de Venise, de corail italien, de petits miroirs d'Allemagne, de hachettes de Hollande, de quincaillerie française et anglaise, de poudre, de tabac, de sucre et de sel, que l'on recueille en route dans les oasis du Sahara. Ces voyages, sont une sorte de foire ambulante (1). Les marchandises apportées s'échangent contre des esclaves noirs, de la poudre d'or, des plumes d'autruche, de la gomme blanche du Sénégal, des bijoux d'or de la Nigritie, des étoffes noires dont les femmes mauresques s'ornent la tête, du *bezeroa*, qui préserve les Arabes des venins et de toutes les maladies, comme encore de ces nombreuses drogues qui, abandonnées en Europe, conservent toujours aux yeux des crédules populations marocaines toutes les vertus médicales et curatives.

L'approvisionnement des caravanes est fait par les négociants indigènes de Fez, qui se rendent surtout dans la haute Italie, où ils achètent des soies grèges, des damas, des coraux, des velours, du fil, de la porcelaine, des perles et du jais de Venise, des cartes à jouer et des mousselines. Ils n'apportent avec eux que de la cire et des laines, car l'industrie marocaine est très restreinte. Les étoffes, les armes et les peaux sont, dit M. de Fontpertuis, les seuls produits du Maroc qui attirent l'attention des Européens. Les tissus se fabriquent surtout à Fez et à Maroc. Quelques villes confectionnent des tapis admirables par la solidité du tissu et la richesse du coloris. Les armes viennent de Tétouan et de la province de Sous.

Il fut un temps où le Maroc s'enorgueillissait de ses

(1) Voir mon livre intitulé : LE SAHARA. (Paris, 1884, Degorce-Cadot.)

Universités fameuses et de ses Bibliothèques immenses, en même temps que de ses armées et de ses flottes formidables. Il était alors l'extrême boulevard de l'Islamisme vers l'Occident, le siège d'une monarchie qui dominait de l'Èbre jusqu'au Soudan et du Niger jusqu'aux Baléares. Aujourd'hui, ce n'est plus qu'un petit État ruiné et misérable, qui use en sa résistance à la civilisation européenne ce qui lui reste de forces, qui n'est protégé dans son existence même que par les jalousies réciproques des États civilisés. Étouffée par le Koran, la science s'y réduit, dans les Écoles les plus renommées, à quelques notions vieillies ayant eu cours dans le moyen âge. Pas de presse, pas de livres, pas de cartes géographiques. La langue elle-même va se dégradant et se corrompant de plus en plus. Ce n'est pas seulement la population qui est ici coupable, ce sont surtout ceux qui la régissent. Le gouvernement du Maroc est infiniment plus arbitraire que celui de la Turquie. Le Sultan tient entre ses mains la vie, les propriétés, les consciences de ces sujets. En sa qualité de descendant de Mahomet, il est Prince des Vrais Croyants. Aucun Conseil, aucun Diwan n'entrave son autorité. Il est juge suprême, interprète infaillible et, quand il lui plaît, seul exécuteur de la loi, qui émane de lui. Impôts, monnaies, poids, mesures, tout varie au gré de son caprice. Un pareil despotisme ne peut s'expliquer que par la passive abjection du peuple sur lequel il pèse. Le voyageur italien E. de Amicis l'a comparé à un immense polype qui pompe les moëlles et aspire les sucs du pays. Tout est stationnaire au Maroc, sauf ce qui est en décadence ; mais tout progrès y est inconnu, et sa population hétérogène incapable d'un effort de virilité.

Si cette population diverse reconnaît, nominalement, l'autorité du Sultan, il s'en faut beaucoup, dans la pratique, que cette même autorité soit reconnue par beaucoup de ses sujets. En effet, combien compte-t-on de Marocains ? On n'a, sur ce point, que des données fort hypothétiques. Les Berbères forment l'élément principal de cette population. Après eux viennent les Arabes et les Maures, puis les Nègres proprement dits, enfin les Juifs, et quelques Européens que l'intolérance musulmane repousse peu à peu vers la côte.

Les Berbères, qu'on rencontre surtout dans la province du Riff, du côté de l'Algérie, sont probablement les plus anciens habitants de l'Afrique Septentrionale. De là vient assurément leur nom d'*Amazirgues*, c'est-à-dire « nobles et libres ». Grands et robustes, blonds, ce sont d'incorrigibles bandits que rien n'a pu dompter, ni les canons des vaisseaux européens, ni les fusils des soldats du Sultant Redoutés des autres fractions de la population, ils habiten. les montagnes du littoral entre Tétuan et la frontière algérienne, ne reconnaissant la suprématie du Sultan que dans la limite où il leur convient de se soumettre.

11

Ils n'admettent d'autre loi que les longs fusils dont ils portent la gaine de laine rouge enroulée autour de leur front en guise de turban. Quelques-uns sont tatoués de aune sur le visage. Vêtus d'un burnous orné de glands de diverses couleurs, ils circulent, lorsqu'ils se rendent à Tanger, par groupes, parlant à voix basse, la tête inclinée et les yeux à terre, comme une bande de coupe-jarrets en quête d'une victime. M. de Amicis avait cru remarquer que, lorsqu'il rencontrait des Berbères dans des rues écartées, ils jetaient à l'étranger un regard sinistre, semblant révéler de mauvais desseins. C'est peut-être exagéré. Dans tous les cas, ils sont gouvernés par des chefs héréditaires et paraissent peu soucieux des rites de leur religion, car ils mangent du sanglier et boivent le vin qu'ils fabriquent.

Les Maures sont tout différents d'aspect, mais ne valent pas mieux. Ils forment la portion la plus puissante de la population, celle qui fournit les négociants, les ulémas, les tholbas, les caïds, les pachas. On peut les reconnaître à leur embonpoint, à leur carnation claire, à leurs yeux rusés, à leur démarche hautaine, à leur insolente ostentation. « Plus je les étudie, déclare M. de Amicis, plus je suis disposé à croire presque vrai, malgré mes illusions des premiers jours, les jugements des voyageurs qui s'accordent tous à les appeler une race de vipères et de renards, des gens lâches, humbles vis-à-vis des forts et in-

LE BARRIO DES JUIFS A TÉTUAN.

solents vis-à-vis des faibles, rongés par l'avarice, dévorés par l'égoïsme et animés généralement des passions les plus viles qui puissent gîter dans le cœur humain. » Se considérant comme tous égaux entre eux par la naissance, ils n'admettent de différence de rang qu'en raison de l'importance des fonctions qu'ils remplissent. Ils sont les seuls qui aient eu des rapports suivis et immédiats avec les Européens. Plusieurs d'entre eux descendent des Maures grenadins chassés de l'Espagne. Une légende prétend que certains ont encore en leur possession les clefs de quelques villes de la péninsule ibérique. Superstitieux à l'excès, ils ont grande foi dans les astrologues, grande crainte des démons, grande confiance dans les amulettes. Leurs habitudes sont fort simples, et la méthode immuable qui préside à tous les actes de leur vie fait que chaque jour ressemble pour eux à celui qui l'a précédé et à celui qui le suivra. Le Maure se lève dès que le jour luit. L'habitude de coucher tout habillé fait que sa toilette lui prend fort peu de temps. Au signal donné par le muezzin, il prie, puis déjeûne d'une tasse de café et de quelques confitures sèches. Parfois, il s'accorde la douceur de fumer une pipe de *Kief* (fleur de chanvre), ensuite il monte à cheval et galope pendant deux ou trois heures. Vers midi, il mange du pilau, de la viande fortement épicée ou le fameux couscoussou. Après dîner, il se rend au café et, quelquefois, à la mosquée. Le soir, il soupe et s'étend, pour dormir, sur les coussins qui lui servent de lit.

Passons aux Arabes, répandus un peu partout, mais surtout dans le sud-ouest, où ils se présentent parfois sous l'aspect de véritables bandits. Comme leurs congénères de l'Algérie, ils frappent l'observateur par la noblesse de leur attitude et l'élégance de leurs manières. La plupart n'ont sur le dos qu'un manteau blanc ; mais ils le disposent toujours avec goût, et s'en enveloppent de la façon la plus pittoresque. Habituellement calmes et graves, ces hommes déploient, sous le coup de la colère ou de quelque commotion soudaine, une vigueur de gestes et de paroles qui atteint la frénésie : mais, même sous l'empire de la passion la plus violente et dans le paroxysme de la fureur, ils conservent toujours une sorte de dignité « tragique ».

Les Arabes du Maroc sont descendus, dit-on, des plateaux de l'Asie, et certains prétendent qu'ils sont issus des Chananéens, chassés de Palestine par le peuple hébreu : d'autres croient être sortis des familles arabes qui s'enfuirent du Yémen lors de l'apparition de Mahomet. Il est constant que plusieurs tribus arabes errantes en Asie portent le même nom que certaines tribus du Maroc, ce qui semble indiquer une commune origine. Dispersés dans les plaines du Maghreb, ces Arabes y conservent les habitudes pastorales et guerrières de leur race. Quelques-uns se sont acquis une sinistre renommée. Sur la côte occidentale, vers 34°, se jette dans l'Océan une petite rivière appelée le Sebou : c'est dans sa vallée qu'habite la tribu des Beni-Hassen, la plus audacieuse, la plus turbulente, la plus pillarde qu'on puisse imaginer. Parmi eux, chaque voleur a une spécialité: il y a le voleur de bestiaux, le voleur de chevaux, le voleur de marchandises, le voleur de grande route, le voleur de douar. Les douars sont une curiosité du Maroc et, en même temps, un trait significatif de son organisation sociale. Un douar est ordinairement formé de dix, quinze ou vingt familles, qui, le plus souvent, sont jointes par un lien de parenté, et chaque famille a sa tente particulière. Ces tentes sont disposées en deux lignes parallèles, de manière à former au milieu une place rectangulaire, ouverte à ses deux extrémités. Elles sont toutes pareilles, affectant exactement la forme des habitations des Numides de Jugurtha, que Salluste comparait à un vaisseau renversé la quille en l'air. Une ou deux nattes d'osier, une caisse en bois bariolée d'arabesques, où l'on renferme les vêtements, un petit miroir rond de Trieste ou de Venise, deux pierres pour moudre le grain, un métier à tisser de la même forme qu'au temps d'Abraham, quelques plats, une quenouille, une selle, un fusil et un poignard, tel est l'ameublement. Ajoutez dans un coin une poule et sa couvée et, devant l'entrée, un fourneau formé de deux briques, à côté de la tente un petit jardin, plus loin quelques silos ronds, revêtus de pierres et de ciment, servant à conserver les grains, et vous aurez toute l'installation de ces campements de mécréants.

Si l'on descend plus bas encore vers le sud, on rencontre des Arabes non moins dangereux. A partir du 32ᵉ degré, le désert est semé de collines mouvantes. L'atmosphère, imprégnée de particules de sables, prend un aspect brumeux, qui n'a que trop souvent trompé les navigateurs : ne s'apercevant de la proximité de la côte, fort basse, qu'en voyant les vagues se briser, les malheureux sont poussés avec une irrésistible puissance par un violent courant, et le navire échoue avant que l'équipage ait pu, la plupart du temps, soupçonner le péril. Les tribus errantes qui parcourent ces solitudes, toujours aux aguets d'un naufrage comme d'une proie, découvrent bientôt les mâts qui pointent au dehors des collines sablonneuses. La bonne nouvelle se répand dans les douars. Les Bédouins s'arment de couteaux, de fusils, de bâtons. Quelquefois, ils laissent écouler deux ou trois jours avant de se montrer sur la rive. Les Arabes espèrent, en ce cas, que l'équipage se rendra plus facilement. Au moment qu'ils estiment opportun, il accourent se disputer la pâture. Après le partage des hommes vient le pillage du vaisseau, qu'ils brûlent, afin que ses débris ne puissent servir d'avertissement à d'autres infortunés.

La population Nègre du Maroc n'est pas évaluée à plus

de 500,000 individus. La plupart sont domestiques, ouvriers ou soldats. On les amène du Soudan, au nombre de trois à quatre mille par an, généralement à l'âge de huit à dix ans ; mais beaucoup d'entre eux meurent promptement de nostalgie. Les marchands, avant de les exposer en vente, les engraissent avec des boulettes de couscoussou et leur apprennent quelques mots arabes, ce qui augmente leur valeur. Le prix courant est de 30 francs pour un jeune garçon ; de 60 francs pour une petite fille ; de 400 francs pour une jeune fille de dix-sept à dix-huit ans, jolie, sachant parler et n'ayant pas encore eu d'enfant ; enfin, de 50 à 60 francs pour un vieillard. L'empereur prélève 5 0/0 sur la valeur de la marchandise importée et a droit au premier choix en nature ; le reste se vend en bloc sur les marchés de Fez, de Mogador et de Maroc, ou séparément, aux enchères, dans les autres petites villes de l'intérieur. Tous les Nègres embrassent sans difficulté l'Islamisme, sans perdre néanmoins la plupart de leurs superstitions natives, notamment l'habitude de se livrer à certaines époques, pendant trois jours et trois nuits consécutives, à des danses grotesques, qu'accompagne un effroyable vacarme qu'ils nomment musique. Le sort de ces esclaves ne laisse pas d'offrir, parfois, d'étranges vicissitudes, de singulières péripéties. « Au demeurant, constate M. Jules Leclercq, leur sort n'est pas aussi triste qu'on serait tenté de le croire. Ils font, en quelque sorte, partie de la famille de leurs maîtres, et comme ceux-ci les traitent avec douceur, ils leur sont très attachés. Si un Maure rudoie les Noirs qui lui appartiennent, il peut être forcé de les vendre. Il n'y a, dans ce pays, aucun préjugé de couleur ; les unions entre Maures et esclaves sont très communes, et les enfants qui naissent de ces unions sont libres et ont tous les droits des enfants légitimes. L'esclavage des Noirs au Maroc ne se peut donc nullement comparer à celui qui existait autrefois aux États-Unis. » L'esclavage est, du reste, une institution tellement vitale qu'il a paru à Tanger, dans le courant de 1883, un journal spécial pour les ventes d'esclaves, lequel a pour titre : *Al-Moghreb Al-Aksa*. Ce commerce existe surtout à Tétuan, à Tanger, à Rabat.

C'est là une plaie morale et sociale dont l'Europe se doit d'exiger au plus tôt la disparition. Il paraît que, au mois d'août 1883, le gouvernement britannique avait enjoint à son chargé d'affaires, sir J. Drummond Hay, de faire officiellement au Sultan des représentations pressantes à ce sujet : mais il eût fallu, pour que l'affaire aboutît, que les Anglais eux-mêmes ne prêtassent point la main à cet odieux trafic. Or, au mois de juillet 1884, le navire anglais *Jackal* prenait à son bord, dans le port même de Tanger, un marchand d'esclaves marocain lesté d'une pacotille de douze Nègres ; au mois de décembre suivant, un autre trafiquant marocain amenait de Tanger à Gibraltar quinze esclaves des deux sexes, qu'il allait ensuite conduire tranquillement, à bord d'un bâtiment britannique, à Alexandrie d'abord, puis à Djeddah, pour les vendre! La moralité anglaise et son humanité, l'une et l'autre d'apparat, disparaissent toujours devant un intérêt commercial particulier : chacun sait à quoi s'en tenir là-dessus. Pendant ce temps, bien autrement agissait le ministre français. Au mois de février 1884, le chérif de Ouazzan, notre protégé, cédant aux conseils amicaux de M. Ordega, donnait un exemple mémorable à ses coréligionnaires en renonçant officiellement, pour lui et pour sa famille, à la coutume séculaire de vendre ou d'acheter des esclaves. Là encore, la France, toujours noblement désintéressée, représentait activement la cause de la Civilisation, par des faits précis, non par des paroles trompeuses.

La dernière classe dont il nous reste à parler est celle des Juifs, formant le vingtième de la population totale. M. G. Rohlfs les estime à 60,000 au plus. Pour la plupart, ils descendent des Juifs exilés d'Europe au moyen âge. Opprimés, haïs, persécutés et avilis plus qu'en aucun pays du monde, ils sont industriels, commerçants, boutiquiers, brocanteurs, s'ingéniant de mille manières, avec la souplesse et la persévérance propres à leur race, à gagner de l'argent, et trouvant dans les écus qu'ils extorquent à leurs oppresseurs une compensation aux maux que ceux-ci leur font souffrir ainsi qu'aux humiliations incessantes qu'on leur inflige.

Telles sont les populations du Maroc. Aucun lien réel n'existe entre elles. C'est une agglomération d'hommes, ce n'est point un peuple. Aussi ne faut-il point s'étonner du peu de pouvoir réel que le Sultan exerce sur ses sujets, la plupart purement nominaux. « Le fait qui m'a le plus frappé, déclarait au mois de juin 1884 le voyageur français de Foucauld, est l'extrême faiblesse du gouvernement marocain. Les États de Moulaï-El-Hacen sont bien petits ; il n'est Sultan du Maroc ni de fait ni de nom, sauf pour nous. Son empire, facile à délimiter, se compose de la côte de l'Océan et des basses vallées des cinq grands fleuves. C'est la région occupée par des tribus de race arabe. Quant au massif montagneux occupant la portion centrale, il est, ainsi que les hautes et moyennes vallées, entièrement indépendant : uniquement peuplées de Berbères, ces vastes contrées se gouvernent elles-mêmes, ne reconnaissant aucun autre pouvoir que celui de leurs cheiks ou de leurs djemâa. » Voilà pourquoi les Européens résidant au Maroc ne seront jamais en sûreté tant qu'une puissance continentale n'aura pas mis une main énergique sur cet empire, qui n'est que celui de la barbarie et de la confusion.

CHAPITRE II

LA FRONTIÈRE ALGÉRIENNE ET FIGUIG. — LE RIFF. — MÉLILLA. — TÉTUAN. — CEUTA. — TANGER

I

La délimitation exacte entre l'Algérie et le Maroc n'est pas chose facile à établir, les sept articles du traité du 18 mars 1845 étant d'une incertitude déplorable sur divers points.

M. Castonnet des Fosses analyse cet acte diplomatique, dû au général Delarue, de la façon suivante :

« Les articles 1 et 2 disent que la frontière entre le Maroc et l'Algérie reste la même que par le passé, et que les deux gouvernements ne veulent que la constater et la reconnaître. L'article 3 indique la ligne idéale qui doit délimiter les deux territoires. Cette ligne commence au bord de la mer, à l'embouchure de l'oued Adjeroud, remonte ce cours d'eau jusqu'au gué appelé Kis et arrive à la source désignée sous le nom de Ras-el-Aïoun, qui se trouve au pied des trois collines Menasseb-Kis, lesquelles appartiennent à l'Algérie. De Ras-el-Aïoun, la même ligne remonte la crête des montagnes avoisinantes jusqu'à Dra-el-Doum, descend la plaine El-Aoudj, se dirige sur Haouch-Sidi-Aïed, qui est situé sur le territoire algérien, va sur Djerb-el-Baroud, arrive à Kerkour-Sidi-Hamza, Zoudj-el-Beghol, longe le pays des Ouled-Ali-Ben-Thalha, suit l'oued Rouffar jusqu'à Rad-Asfour, ensuite le Kef et arrive au marabout de Sidi-Aïssa, qui est à l'extrémité de la plaine de Missionin, laquelle appartient au territoire algérien. La ligne court ensuite vers le sud jusqu'à Koudret-el-Debbagh, colline qui est le point extrême du Tell, et aboutit à Teniet-el-Sassi, dont la jouissance est commune aux deux empires.

« L'article 4 dit que, dans le Sahara, il n'y a pas de limite territoriale à établir puisque la terre ne se laboure pas et qu'elle sert aux Arabes des deux empires, qui y viennent camper pour y trouver les pâturages et les eaux dont ils ont besoin. Un paragraphe de cet article énumère comme dépendant du Maroc les tribus suivantes : les M'Beia, les Beni-Guil, les Hamian-Djemba, les Emnour-Sahara et les Ouled-Sidi-Cheickh-el-Ghamba. Les Ouled-Sidi-Cheickh-el-Cheraga, tous les Hamian, sauf les Hamian-Djemba, sont attribués à l'Algérie.

« L'article 5 a trait aux ksours, ou villages du Désert. Les ksours de Yche et de Figuig sont déclarés possessions marocaines. Les ksours d'Ain-Saifra, d'Assla, de Siout, Chellala, d'El-Abiad, Bou-Senghoune, S'Fissiba sont reconnus comme des dépendances d'Alger. L'article 6 dit que le pays situé au sud des ksours est inhabitable par suite du manque d'eau et que, par conséquent, toute délimitation en est superflue. »

Comme on le voit, le traité de 1845, loin de trancher les difficultés qui pouvaient s'élever par la suite entre la France et le Maroc, allait au contraire en créer de nouvelles; à vrai dire, elles n'ont pas cessé de surgir depuis lors. Ce qu'il nous importerait de nous annexer pour les faire cesser, c'est l'oasis de Figuig au sud d'une part, d'autre part au nord la rive droite du fleuve Maulouga jusqu'à son embouchure. La ligne de démarcation serait ainsi tracée, non plus d'une façon idéale, mais d'une manière à la fois topographique et scientifique de nature à conjurer pour l'avenir toutes les contestations possibles. Les négociations ont été reprises à ce sujet en 1884, mais elles n'ont point encore abouti.

Ce qui nous importe le plus, c'est la prise de possession de Figuig, dont les neuf ksours comprennent plus de 15,000 habitants. Ces oasis sont admirables de verdure ; les hauteurs qui les enceignent semblent avoir été posées là tout exprès pour rompre l'effort des vents violents du nord et pour opposer une barrière au sable du désert.

Les capitaines Perrot et de Castries les décrivent avec enthousiasme. C'est du reste un grand marché industriel, où tout arrive en abondance du pays des Nègres. Mais les habitants n'ont jamais laissé pénétrer un Français dans leur enceinte de pisé, surmontée de nombreuses tours. Par contre, ils n'ont jamais manqué d'insulter nos nationaux toutes les fois qu'ils l'ont pu, notamment en 1882, et ces outrages, faut-il l'avouer? sont demeurés impunis. Il importe, pour nos intérêts, pour notre prestige, que ces populations malveillantes et insolentes, chez lesquelles nos ennemis sont toujours assurés d'un refuge et d'un appui, sur qui le Sultan lui-même avoue n'avoir aucune influence, soient réduites enfin à la raison. Espérons que le gouvernement français se décidera à les réduire bientôt sans se préoccuper des jalouses oppositions du dehors.

II

Quand on a franchi la frontière française, on entre dans le Riff, à partir de Ouchda, petite ville si coquettement enfouie dans la verdure des jardins qui l'entourent qu'on ne l'aperçoit que quand on s'y trouve déjà. Mais, à proprement parler, la région ne commence qu'à Kelaia; elle est vraiment alors redoutable. On sait quelles mésaventures successives M. le comte de Chavaignac y a éprouvées en 1884 : grâce à l'intervention énergique de M. Ordéga, notre compatriote parvint à se faire rendre justice. Mais le gouvernement du Sultan avoua en même temps que son autorité y était nulle et qu'il était prudent de ne s'y aventurer qu'avec une escorte de troupes ! Telle est la sécurité qu'on rencontre au Maroc.

Le nom de Riff, qui signifie « littoral », est synonyme du mot arabe Sahel : d'où la désignation de Riffi et de Souhali employée indifféremment par les habitants de la côte septentrionale, suivant qu'ils sont marocains ou algériens. Cette contrée consiste en une série non interrompue de montagnes s'étendant parallèlement à la mer jusqu'à Tétuan, sur une longueur de 330 kilomètres et une largeur moyenne de 50. Ces montagnes, qu'on ne connaît qu'en bloc, sont la continuation de celles de l'Algérie ; elles paraissent se rattacher à la zone montagneuse comprise entre Cherchell et Tenez, laquelle porte aussi chez nos Berbères le nom de Riff. Toute cette province marocaine est du reste, presque exclusivement, elle aussi, peuplée de Berbères insoumis. Elle est riche en blé et en troupeaux. La partie voisine de Tétuan produit les oranges les plus délicieuses du monde. On y trouve des figues, des raisins, des melons, des citrons et la plupart de nos fruits en abondance. Malgré ces conditions naturelles si engageantes, le Riff est encore peu con- « nu. Nous n'y connaissons, déplore M. Renou, ni le détail ni le nom des cours d'eau, pas un seul nom de montagne, mais quelques noms de tribus, donnés par Léon l'Africain il y a plus de trois siècles. Depuis cette époque, on n'a eu aucun renseignement sur cette contrée. » Ceci a été écrit en 1846. Après un intervalle de près de trente ans, M. Auguste Geoffroy a eu l'heureuse audace de traverser cette province justement mal famée, en 1874. Malheureusement, cet explorateur ne s'est guère arrêté qu'à l'étude morale de la région ; ses descriptions, fort intéressantes d'ailleurs, n'ont rien de scientifique.

La première ville qu'on rencontre est Mélilla ou M'lila, qui appartient à l'Espagne depuis 1496, date à laquelle elle fut prise par le duc de Médina-Sidonia. Son « préside » renferme 2,000 habitants environ. C'est le *Ryssadirium* des Romains, construit près du cap Ras-ed-Dir (le *Tres Forcas* des Espagnols). Jadis, son port fut célèbre pour sa pêche des huîtres perlières. De nos jours, sa région sud-est est surtout connue pour avoir souvent servi de refuge à Abd-el-Kader.

De là on gagne Tétuan, ville fort ancienne, au sud du cap Negro. Elle est située à un kilomètre de la mer, sur le penchant d'une colline rocailleuse. Sa population est de 16,000 habitants, dont les Juifs forment le quart. Le caractère mauresque de la cité est très accusé. Beaucoup de rues sont couvertes et forment de véritables souterrains, analogues à la grotte du Pausilippe ou aux sombres ga-

leries du Simplon. Ces obscurs couloirs ont des portes et
des grilles que l'on ferme pendant la nuit. D'autres rues

JUIF MAROCAIN.

sont couvertes de treilles, et cette verdure inattendue entretient une précieuse fraîcheur. Les boutiques s'y trouvent

en grand nombre, et presque toutes sont tenues par des Algériens, dont le costume brillant contraste avec la simplicité marocaine. Il y a une vingtaine de mosquées.

De loin, la ville a l'apparence d'une place fortifiée, étant ceinte de murailles flanquées de tours carrées de distance en distance et commandée par un château isolé. De près, ces défenses sont peu de chose. Elle est séparée de la Méditerranée par une lande solitaire et triste. Le fleuve Martit ou Martine traverse silencieusement ce désert et va se jeter dans la mer à deux lieues au-dessous de la ville. L'embouchure de ce cours d'eau est assez large et assez profonde pour recevoir des navires. Avant la bataille d'Aboukir, la flotte de Nelson stationna longtemps dans cette baie. Aujourd'hui, c'est dans cette place que s'approvisionne en grande partie la garnison anglaise de Gibraltar.

Plus haut, au nord-est, s'élève Ceuta, l'antique *Septa*, qui doit son nom aux montagnes que les Romains avaient appelées *Septem Fratres*. En 1668, le Portugal céda cette place à l'Espagne. La ville est bâtie sur une presqu'île, et tenue en très défiante défense. « Je ne sais rien de comparable à Ceuta, écrit M. Charles Yriarte, comme luxe de murailles et de précautions militaires. » A l'est se trouve le mont Abyla, aujourd'hui mont Acho, qui, avec la montagne de Calpé (Gibraltar), sur la côte espagnole, formait ces fameuses Colonnes d'Hercule au delà desquelles ne se rencontraient plus que ténèbres : *nec plus ultra!* Actuellement, les deux forteresses opposées gênent l'accès libre de la Méditerranée, mais ne limitent en rien l'horizon maritime de nos contemporains. Elles prouvent simplement que la légende exista.

III

Nous arrivons à Tanger, qui est comme le poste avancé de la civilisation européenne au Maroc, dans tous les cas le champ-clos où se combattent les intérêts divers des puissances qui ont mis le pied sur ce coin de la terre d'Afrique. Signalons, en passant, sa campagne pittoresque, la situation magnifique de la place, son climat incomparable, ses jardins féeriques dont les brises d'Andalousie, rafraîchies par la mer, balancent les citronniers, les orangers, les cèdres, les pins maritimes, les grenadiers : toutes ces beautés naturelles ne servent qu'à faire ressortir davantage la misère d'un pays qui croupit dans la paresse et l'ignorance sous le joug d'un formidable despotisme. Les jardins des consuls, situés très près de la ville, vraies ceintures de fraîcheur et de parfums, sont célèbres par les figuiers d'Inde que les Maures, nous rendant le compliment, appellent « figuiers des Chrétiens » (*Kermous-en-Nasran*). A quelques milles de la cité, en se rendant au cap, on rencontre une ruine romaine, le vieux Tanger,

ancienne *Tingis*, qui paraît avoir été habitée encore au
XIIIe siècle, au témoignage de l'historien arabe Abou'l-Féda.
Les Maures en avaient fait une batterie qui commandait
la baie, mais qui ne signifie plus grand'chose aujourd'hui.
Au pied du rempart du nouveau Tanger, du côté de la
campagne, est une place toute creusée de fosses profondes
et circulaires, où l'on conserve le blé ; le sol résonne et
même, quelquefois, s'enfonce sous le poids des chevaux :
c'est sur cette place que se tient deux fois chaque semaine,
le lundi et le jeudi, le marché (*sauk*).

Tanger, qui comprend environ 20,000 habitants, est bâtie
sur la pente orientale d'une colline qui termine à l'ouest
une baie peu abritée des vents : sa position présente
quelque analogie avec celle d'Alger. La ville a une forme
presque carrée, et ses remparts ont un mur flanqué de
tours assez rapprochées. La partie qui regarde la mer souffrit
beaucoup du bombardement que le prince de Joinville
lui fit subir le 6 août 1844. Le sol primitif de la place paraît
plus élevé que le sol de l'antique capitale de la Tingitane,
soit par suite de l'entassement des décombres, soit par
l'effet de quelque tremblement de terre.

Quand, venant de Gibraltar, on entre dans le port de
Tanger, on aperçoit une masse de maisons d'une blancheur
éblouissante, entourées d'un lit de verdure. Mais ce pittoresque
n'est qu'extérieur. Dès qu'on pénètre à l'intérieur,
on n'y rencontre, selon les temps, qu'un nuage de pous-

sière ou qu'un cloaque de boue. Les rues étroites, sinueuses, bordées de maisons hautes ou basses sans fenêtres, rappellent tout autre chose que les pays enchantés des Musulmans ; les parfums qu'on y respire ne ressemblent ni à l'arôme des cassolettes d'ambre, ni à celui des brûloirs d'aloès. Çà et là gisent des charognes de chiens et de chats. C'est immonde.

En sortant du dédale des ruelles, on arrive à la Grand'-Rue, qui monte du port et aboutit au Grand-Marché, surface rectangulaire, bordée de boutiques arabes. Tout près de ce marché se dressent la principale mosquée de la ville, dont le minaret élancé est recouvert de faïence verte vernissée, et quelques habitations riches qui ont l'air de palais au milieu de misérables barraques. Ce sont les résidences des divers ministres étrangers. Le reste de la cité rappelle un village oriental. Un café, un débit de tabac, une papeterie, dont l'approvisionnement consiste surtout en pnotographies, voilà tout ce que l'on peut signaler.

En suivant plus loin la Grand'Rue, on atteint par deux portes la grande place extérieure du marché, où s'arrêtent les caravanes et où se tiennent les foires bihebdomadaires. Au crépuscule, cette place est étrangement originale, lorsque les burnous blancs y glissent comme des spectres et vont s'asseoir sur les tombes voisines du cimetière. Avec la nuit descend sur Tanger un silence profond, que ne troublent par intervalles que les aboiements des chiens.

Tanger s'enorgueillit de sa Kasbah, résidence du gouverneur, monument d'architecture mauresque intéressant à étudier, malgré son état de dégradation. C'est sur la haute colline où elle s'élève, et qui domine entièrement la place, que se trouvent les bâtiments du gouvernement, les prisons, les écoles indigènes, le tribunal et les appartements du Pacha. C'est de cette citadelle que partirent jadis tant d'audacieux pirates barbaresques, dignes rivaux de ceux d'Alger, de Bône et de Tunis. Aujourd'hui, le fanatisme musulman a diminué à Tanger, faisant pratiquement place aux jalousies et aux intrigues. Les Européens y ont-ils bien gagné? Quoi qu'il en soit, ou y voit des indigènes au service des maisons étrangères, des consuls, des résidents et même des familles européennes ou américaines établies depuis de nombreuses années dans ce port. Les femmes, affranchies ou esclaves, ont aussi accepté la domesticité des maisons franques.

L'influence française, si longtemps battue en brèche à Tanger, c'est-à-dire au Maroc, par des rivalités mesquinement égoïstes, y a repris aujourd'hui sa légitime prépondérance. Au mois de juillet 1883, un journal rédigé en langue française, *le Réveil du Maroc*, fit son apparition à Tanger; après avoir fait observer à ses lecteurs que la langue française est, en effet, la plus répandue dans l'empire, cette excellente feuille ajoutait : « D'ailleurs, en y regardant de plus près, c'est la France qui a le plus fait pour le progrès du Maroc. » Et elle énumérait les services rendus par nous à ce malheureux pays : Compagnies de navigation à vapeur desservant ses côtes, Compagnies d'assurances, Établissements financiers assurant pour l'avenir son industrie et son commerce, etc. etc. L'hommage était mérité. Le même mois, des religieuses de la Doctrine Chrétienne, chargées d'ouvrir et de diriger l'école française de Tanger, débarquaient au milieu de la manifestation enthousiaste de tous les résidents européens ; autre fait significatif, sur la portée duquel il est difficile de se tromper. La demande de naturalisation et de protection adressée, peu après, au ministre plénipotentiaire français par le chériff de Ouazzan, le véritable chef religieux de l'empire, achevait d'affirmer aux yeux des indigènes, inquiets et surpris, notre réelle suprématie. Il est juste de constater, à ce sujet, que l'habileté et le patriotisme de M. Ordega, alors chargé de nos intérêts, se montra toujours à la hauteur des plus difficiles circonstances.

A 4 milles nord-ouest de Tanger se profile, à une hauteur de 300 mètres, le cap Spartel, l'*Ampelusium* des anciens, le Ras-Achbertil du voyage d'El-Bekri. C'est un promontoire de pierre grise, taillé à pic et jeté en éperon dans les flots. La vague a creusé dessous plusieurs cavernes, dont une, plus spacieuse que les autres, était consacrée à Hercule, le patron redouté du détroit. Aujourd'hui, elle est toute percée à jour. Les habitants en extraient des meules, qu'ils détachent des parois après les avoir taillées sur place, de manière que la grotte se trouve criblée d'une énorme quantité de trous à travers lesquels on voit le bleu du ciel et de la mer. La légendaire « Colonne » du demi-dieu a fait place à un phare élégant, érigé et entretenu aux frais des nations qui ont des représentants à Tanger. Son feu se perçoit à 25 milles de distance. Les environs sont charmants.

CHAPITRE III

DE TANGER A FEZ, À THÉZA ET A MÉQUINEZ

Quand, de Tanger, on veut se rendre à Fez, il faut se résigner à accomplir ce trajet à cheval, par une route plus ou moins fatigante, et, autant que possible, en nombreuse caravane.

Après une première station à Tleta de Reissanâ, bassin étroit et profond, couvert de hautes herbes et de hautes fleurs, on gagne Alkazar, à quatre jours de marche, sur les bords du Mkhacen. C'est une laide bourgade, aux maisons sans crépissage, sans fenêtres, séparées par des ruelles obscures et immondes, aux rues ressemblant à des lits de torrents, à la population triste et malpropre. Ce fut là, pourtant, qu'au xiie siècle le sultan Abou-Ioussouf-Iacoub-el-Mansour, le vainqueur d'Alarcos, le constructeur de la Giralda de Séville, fit édifier un vaste palais, en souvenir de l'hospitalité d'un pêcheur. Le palais a disparu, et le reste avec lui. Alkazar, jadis peuplée et florissante, ne compte plus actuellement que 5,000 habitants, tant Maures que Juifs ; et elle est très pauvre, bien qu'elle retire quelques avantages de sa situation sur la route que suivent les caravanes allant du nord au sud de l'empire.

On franchit ensuite une succession de vallées profondes, parallèles, formées par de grandes ondulations de terrain, fleuries toujours comme des jardins. On traverse le village de Rarir-el-Abbassi, puis on arrive au grand fleuve Sébou. Ce cours d'eau, grossi par de nombreux affluents, va se jetter dans l'Atlantique près Méhedia, après un trajet d'environ 200 kilomètres et après avoir décrit une vaste courbe de l'est au nord et du nord à l'est ; il forme la limite septentrionale que ne dépassent jamais les Sultans, sauf en temps de guerre ; car c'est au sud de ce fleuve que se trouvent les trois villes, Fez, Méquinez et Maroc, dans lesquelles ils séjournent alternativement, ainsi que la double ville de Salé-Rabat, où ils passent pour se rendre de Fez à Maroc. Le vrai motif de ce cantonnement étrange est la crainte qu'éprouvent sans cesse ces princes, quels qu'ils soient, d'être inquiétés par les Zaïri et les Beni-Mitir, tribus absolument insoumises.

La Kouba de Sidi-Kassem, le campement de Zeguta et celui de Tagat forment trois autres étapes.

Fez apparaît alors avec ses blanches murailles ; mais

là, comme ailleurs, le voyageur est promptement désillusionné. Une promenade n'y offre rien d'attrayant. On ne rencontre que de longs murs, nus comme ceux d'une forteressse, de hauts frontons de maisons sans fenêtres, percées çà et là d'étroites meurtrières sans ordre ni symétrie. Le chemin monte, descend brusquement ; partout des immondices, des pierres, des passages couverts très obscurs, des impasses ayant l'aspect de cavernes. L'air est saturé d'émanations cadavériques ; les charognes s'étalent en pleine rue, entourées d'essaims de mouches hideuses. Ici ne se manifeste la vie que par des sons ; on entend le bruit d'un moulin, les chants nasillards d'une école de Koran, le bruissement d'un métier à tisser, le clapotement d'un ruisseau : mais les murailles épaisses sont impénétrables.

Par instants, néanmoins, on trouve des espaces moins sombres, des puits ornés de mosaïques, de hauts portails et des halles ouvertes de bon style. Ce sont les *fondouks* ou magasins, maisons à plusieurs étages avec des cours intérieures entourées d'arcades. Leurs habitants semblent s'y glisser sur la pointe des pieds. Ici l'air est chargé de senteurs d'aloès, d'épices et de *kief* (haschich) ; on se croirait dans un entrepôt de droguistes. On rencontre des nuées d'enfants, la tête couverte de gale et le corps de plaies ; des femmes âgées, la poitrine découverte ; des saints, ou plutôt des fous, entièrement nus. Ils sont couronnés de fleurs, chantent, dansent et rient. Puis, la scène change. Des soldats entraînent un malheureux couvert de sang, que poursuit une foule hurlante. C'est un voleur surpris en flagrant délit, et les gamins, race cruelle partout, vocifèrent : « La main ! la main ! Abattez-lui la main ! » Plus loin, deux hommes emportent un cadavre sur une civière ; le corps est momifié et enfermé dans un sac de toile, lié au cou, aux reins et aux genoux. Et l'on se demande si on rêve, et si Fez et Paris font partie de la même planète !

Fez est bâtie autour de deux collines couronnées de débris de forts. Entre ces deux collines coule le Wad-Fez, ou Fleuve des Perles, qui divise la cité en deux sections : la vieille ville sur la rive droite, et la nouvelle sur la rive gauche. Le tout est entouré d'une muraille, partout ruinée, et çà et là flanquée de tourelles. Du haut des collines on embrasse la ville entière, océan de maisons blanches, avec des tours, des minarets, des coupoles arrondies, de hauts palmiers. Cet aspect est imposant et surprenant ; mais on se rend bientôt compte que l'on n'a sous les yeux que le squelette d'une cité qui fut, autrefois, plus considérable : des ruines de constructions de toute sorte, tombeaux de saints, cloîtres, arcades, aqueducs, fortifications, se montrent au loin, là où s'étendent aujourd'hui les jardins et la plaine.

Malgré son palais impérial, fort délabré du reste, et ses trois cent soixante mosquées, dont la plus vénérée est celle d'Edris-ben-Edris, fondateur de la ville, où tout criminel jouit d'un droit d'asile inviolable, Fez est, dorénavant, une chose morte, que rien ne peut plus ranimer, même son titre de « Sainte ». Elle ne compte aujourd'hui que 40,000 habitants, au plus. Son commerce tombe chaque jour, n'étant point encouragé.

A l'est de Fez, du côté de notre frontière algérienne, se trouve Théza, qui eut une certaine importance au temps de la lutte d'Abd-el-Kader. Le séjour ne doit pas y être agréable, s'il faut croire M. A. Geoffroy. « Théza, raconte ce voyageur, est bâtie sur une montagne et compte de 7 à 8,000 habitants. C'est une ville inhospitalière, dont les cavaliers n'osent même pas faire boire leurs chevaux en dehors des portes sans aller à l'abreuvoir en masse et armés. Les rues sont remplies de monceaux de fumier et de détritus de toutes sortes, qui répandent une odeur infecte; les boutiques contiennent à peine le nécessaire en raisins secs, noix, beurre, huile, car les chemins sont si peu sûrs pour y arriver que l'on ne se hasarde guère à apporter des provisions. » Quel effrayant pays que le Maroc, quand on prend la peine de l'étudier! Tous les récits sont unanimes pour constater son manque absolu de sécurité. Et dire que cet empire est limitrophe de l'Espagne et de la France!

A environ 50 kilomètres sud-ouest de Fez est bâtie la ville de Méquinez, résidence favorite du Sultan, la vraie capitale du nord de l'empire. Il faut trois jours pour aller d'une cité à l'autre. Entre les deux gisent les restes de l'ancienne ville arabe Mduna. La campagne est déserte.

D'après M. E. de Amicis, l'impression que Méquinez laisse est gaie : mais peut-être n'est-ce là qu'un effet de la mortelle tristesse que dégage sa voisine. Dans tous les cas, elle est très verdoyante. Assise sur le penchant d'une colline, des fossés et une triple muraille l'entourent. Son enceinte immédiate paraît assez bien conservée. On en évalue la population à 15,000 individus. La ville, de forme ovale, a quinze portes et douze mosquées. Le palais du Sultan occupe, avec ses dépendances, un vaste emplacement : c'est là qu'est renfermé le trésor impérial. Le quartier des Juifs, situé en dehors de la cité, est environné de murs élevés, qu'on ferme la nuit.

Au nord de Méquinez coule un petit fleuve, le Misley, sur lequel est jeté un pont de pierre ; ce cours d'eau, qui reçoit plusieurs ruisseaux, se gonfle considérablement pendant la saison des pluies. Ses rives sont ornées d'une belle végétation. Les environs forment de splendides jardins, que tous les voyageurs ont célébrés à l'envi. Tout auprès végète la bourgade de Sarhaoun, ou Saouiet-Moulaï-Idris, célèbre par le tombeau d'un fameux santon ; c'est aussi une ville sainte, dont l'entrée est rigoureusement interdite aux Chrétiens. Des ruines romaines importantes l'avoisinent. Dès 1845, un explorateur allemand, M. d'Augustin, y avait relevé un arc de triomphe et un temple, que le fanatisme superstitieux des indigènes l'empêcha, malheureusement, d'examiner à loisir.

UNE ROUTE AU MAROC.

CHAPITRE IV

DE TANGER A LARACHE, A RABAT, A SAFI ET A MOGADOR

De Tanger à Larache, ce ne sont que montagnes où s'épanouit, de la cime à la base, une luxuriante végétation. Nous nous arrêterons, en passant, à Arzilla, l'ancienne *Julia Traducta*. Ce n'est plus, constate M. de Amicis, « qu'une bourgade d'un peu plus de mille habitants, tant Maures que Juifs, entourée du côté de la terre et du côté de la mer par de hautes murailles crénelées, qui tombent en ruine, blanche et tranquille comme un cloître et empreinte, comme toutes les autres petites villes musulmanes, de cette mélancolie douce qui fait penser au sourire d'un moribond heureux de sentir la vie lui échapper. » La pêche fait vivre ses indigènes, jadis pirates redoutés.

Larache vient ensuite, pittoresquement bâtie en amphithéâtre sur une montagne verdoyante, qui offre l'aspect d'un immense jardin. Son nom arabe, El-Araisch, signifie, du reste, « jardin des fleurs ». Elle se trouve à l'embouchure d'une rivière, la Louccos, qu'une barre de sable défend, mais encore assez profonde pour admettre des bâtiments de moyennes dimensions. Il s'y fait un commerce assez important de liège, de laine, de peaux, d'écorces, de fèves et de grains. Les environs sont beaux, fertiles, riches en bois de construction. Le voyageur anglais Jackson pré-

LARACHE.

tend que c'est là l'emplacement du fabuleux Jardin des Hespérides. Tout auprès on aperçoit les débris de l'antique *Lixus*, qui occupait un mamelon situé sur la rive droite de la Louccos. En 1765, les Français échouèrent dans une entreprise contre cette place.

En redescendant toujours vers le sud, nous gagnerons Salé, dont la population est la plus fanatique du Maroc. Les

Salentins sont, en outre, de véritables écumeurs de mer, ne respectant aucun pavillon. Pour venger une insulte de ce genre, il fallut, en 1851, qu'un navire français bombardât la ville. Aujourd'hui, elle est complètement déchue de son ancienne splendeur ; ses murs et sa citadelle s'écroulent de tous côtés. Quant à ses maisons et à son bazar, ils n'offrent rien de remarquable. Salé est située sur la rive septentrionale du Bouragrab, fleuve assez grand, qui reçoit le flux de l'Atlantique. Le sol des environs est un sable rouge. L'embouchure du fleuve est obstruée par un vaste banc, rendant difficile l'approche de tout bâtiment.

Sur la rive gauche du Bouragrab se dresse Rabat. Il y a donc là, en face l'une de l'autre, deux villes jumelles, n'en formant, au besoin, qu'une seule. Comme Rabat est construite sur une hauteur, les rues ont des montées et des descentes qui les font incommodes ; toutefois, les maisons ont meilleure apparence qu'à Salé. Du côté de la mer, la place est défendue par quelques batteries mal montées ; le port est assez sûr tant que les forts vents d'ouest ne soufflent pas. Les vivres et l'eau sont de bonne qualité. Les habitants, très intelligents, témoignent de capacités remarquables pour le trafic et la spéculation. On rencontre parmi eux plusieurs familles d'origine espagnole ou portugaise. D'après Léon l'Africain, la ville fut bâtie sur le modèle de Maroc. C'était le séjour favori du calife Yacoub-el-Mansour, qui, pour l'approvisionner d'eau, fit construire plusieurs aqueducs remarquables, dont on voit encore les vestiges.

Près de l'embouchure du fleuve on aperçoit, sur une éminence, le vieux château d'El-Mansour. Plusieurs batteries, d'ailleurs médiocres, et des magasins à l'épreuve des bombes attestent que ce prince n'avait qu'une confiance douteuse en ses remuants sujets. Du palais, comme de la mosquée voisine, il ne reste plus que des débris, les murs extérieurs et de rares piliers en granit gris. Le belle tour de Sma-Hassan, haute de 65 mètres et bien conservée, domine mélancoliquement cet ensemble dévasté. Un peu au sud existe le mausolée de Sidi-Mohammed, qu'on ne permet pas aux Chrétiens de visiter.

Aux environs se dressent également les ruines de *Chella*, que Chénier pense avoir été la métropole des colonies carthaginoises d'Afrique. Mêmes décombres désolées, qu'une végétation destructive envahit de plus en plus. On y remarque, cependant, le minaret de la mosquée, belle tour de 20 mètres de hauteur et qui est un chef-d'œuvre d'élégance et de délicatesse. Quatre ou cinq tombeaux, des inscriptions arabes, des arabesques et des mosaïques qu'on retrouve par hasard, voilà ce qui peut intéresser dorénavant le touriste.

Ce qui l'intéressera davantage, ce seront les mômeries féroces de la Confrérie des Aïssaoua; car Rabat est une de leurs résidences préférées, comme Kairouan.

Les Aïssaoua forment un secte de fanatiques qui, par dévotion, se livrent à des danses tellement excentriques, qu'elles convertissent bientôt les danseurs en autant de fous ; arrivés à ce paroxysme, ceux-ci mangent la viande crue de n'importe quel animal, dévorent des serpents, des scorpions, du verre, des charbons ardents, et, quelquefois même, — fait dont l'abomination ne peut être mise en doute ! — leurs propres enfants. Une foule énorme s'empresse à leurs exercices. Un voyageur français, qui visitait Rabat en 1880, nous donne sur cet écœurant spectacle les détails suivants :

« Nous allons, par prudence, percher sur une terrasse, d'où nous voyons défiler des jeunes gens d'abord, qui déchirent à belles dents des morceaux de viande crue, puis des hommes dont un, entre autres, dévore un quartier de mouton avec sa toison : celui-ci savoure un fiel de bœuf ; celui-là avale des tisons enflammés. Semblables à des vampires, de la bouche de tous dégoutte un sang noirâtre ; de leurs prunelles s'échappent des regards furibonds, qui glacent le cœur ; de leur gorge des cris rauques et perçants, qui saisissent d'effroi. Un chien maigre et efflanqué vient à passer ; le mettre en pièces, s'en disputer les morceaux et le dévorer, cela n'a été que l'affaire d'un instant.

« Tandis que d'un œil morne et silencieux nous assistons à ces scènes de cannibales, une autre, non moins bizarre, se déroule à nos yeux. Trois femmes, d'un aspect hideux, aux cheveux noirs, crasseux et crépus, représentent trois tigresses en furie: agenouillées, leur nez effleure la terre, qu'elles grattent avec leurs mains comme si elles voulaient en entr'ouvrir les entrailles. Autour d'elles rôde un homme vieux et à moitié nu; c'est le symbole du tigre gardant les tigresses pour les soustraire aux caresses d'un jeune tigre, qui est représenté par un jeune nègre fort et robuste. Lorsque celui-ci parvient, à force de bonds et de grimaces, à mériter les faveurs des tigresses, il est pourchassé par le gardien; de là il s'ensuit une lutte : ils s'empoignent corps à corps, s'égratignent le visage, se mordent les épaules et les bras, et se séparent ensuite en poussant des rugissements atroces, pour recommencer bientôt la même pantomime.

« Après une bonne heure de toutes ces singeries, le bruit du tam-tam, mêlé aux sons des cornemuses, se fait entendre ; des bannières de diverses couleurs paraissent à l'horizon ; une foule d'individus s'avancent, exécutant des danses d'un caractère bizarre et original, et chantant. A la suite de ce cortège vient, monté sur un superbe cheval, le Vénéré, le Saint des Aïssaoua. A son approche, les fronts se courbent, les mouchoirs s'agitent en signe d'allégresse, et toutes les voix font chorus avec celles des chanteurs. »

C'est la première journée de la fête : la seconde journée ne la dépare pas. Le même voyageur, en effet, continue :

« Comme la veille, les terrasses se garnissent de bonne heure, la rue s'encombre, et nous nous perchons sur notre observatoire, où des cris aigus nous annoncent bientôt l'approche de Aïssaoua ; et, en effet, nous ne tardons pas à être les témoins d'un spectacle horrible. Devant nos yeux passent et repassent en gambadant, en hurlant, non pas des hommes, mais plutôt des spectres hideux, armés les uns de haches, les autres de coutelas, ceux-ci de massues

VUE D'ARZILLA.

en fer, ceux-là d'énormes poids en fonte, et tous se portent sur le crâne des coups affreux. Ils sont hideux à voir : la peau de leurs têtes rasées est fendue et pleine d'incisions béantes qui laissent voir l'os mis à nu ; le sang rougit le fer et coule en abondance sur leurs joues et leurs épaules. Nous sommes encore à nous demander comment ces hommes résistent à un tel exercice, renouvelé pendant des heures entières.

« Cette scène hideuse est, comme celle de la veille, suivie d'une cohue de forcenés de tout âge et de toute distinction, car nous y avons, entre autres, remarqué un vieux bonhomme, à barbe blanche, attaché comme soldat à la légation de France, et qui, quoique ayant fait la campagne de Crimée comme tirailleur algérien, n'en est pas moins fanatique, car lui aussi d'un coup de sabre s'est zébré la tête ; et tous ces forcenés, au son d'une musique biscornue et se tenant par les mains comme pour la farandole, sautent, gesticulent et chantent à tue-tête.

« Voilà la deuxième fête des Aïssaoua, qui, le lendemain, se sont dirigés sur Fez, où ils doivent mettre fin à leurs extravagances.

« En terminant avec cette secte fanatique, nous vous dirons qu'il nous a été affirmé par quelques Maures, dont le témoignage sur ce point nous inspire toute confiance, que, dans la fête de Moussem-el-Niloud, le nommé Ouel-el-Kremsia, de Méquinez, a été jusqu'à dévorer sa jeune fille. On nous a encore certifié que ces hommes, ou, pour mieux dire, ces sauvages, au sud du Maroc, lorsqu'ils ne trouvent pas de viande à manger, mangent de la chair humaine, et que, près de Média, un de ces individus étant un jour entré dans la maison du caïd Mohammed-ben-Mansor, il lui mangea son dîner ; n'étant pas rassasié, il demanda encore à manger; le caïd lui ayant répondu qu'il n'avait plus rien, l'Aïssaoua s'empara d'un panier de charbon, et mangea le charbon. »

Nous n'ajouterons aucun commentaire à une pareille relation. Nous nous contenterons de faire remarquer que les « âmes sentimentales » devront soigneusement éviter une escale à Rabat, à l'époque où les fanatiques Aïssaoua donnent leurs représentations abominables en public : nous nous demanderons, en même temps, combien d'années s'écouleront encore avant que l'Europe se décide à sévir radicalement contre un spectacle de cette nature, s'étalant cyniquement à ses portes.

Nous poursuivrons notre exploration en continuant de longer la côte océanique du nord au sud.

Nous rencontrons Casablanca, le Dar-el-Baïca des Arabes, le point le plus chaud de la côte. Les maisons de cette petite ville, du plus pur style mauresque, ont des portes bardées de ferrailles et de gros clous ciselés dans le genre tolédan. Un marché, d'une saleté repoussante, sert d'entrepôt à de merveilleux et renommés tapis, qui rivalisent avec ceux de Smyrne. Il n'existe point de port en cet endroit, et l'on y débarque sur les épaules des indigènes, qui vous empoignent au sortir du canot.

Puis vient Mazaghan, ou El-Borigia, place remarquable par ses fortifications, dues aux Portugais. « Leur largeur est telle, raconte M. Jules Leclercq, que les mulets, les chameaux y cheminent comme sur la Grande Muraille de Chine. » Mais leurs canons et leurs affûts sont dans un état de délabrement pitoyable, et les fossés de ceinture de vrais foyers pestilentiels. La ville est gaie, grâce aux maisons percées de fenêtres, que protègent, généralement, des volets verts, grâce aussi à quelques monuments d'origine européenne. C'est un fort marché de chevaux. Les environs sont ombragés et bien cultivés.

On double le dangereux cap Cantin, et l'on arrive à Safi, cité jadis commerçante et importante, mais à laquelle la fondation de Mogador a porté un coup fatal. Elle ne compte plus aujourd'hui que 7,000 habitants environ. Située au fond d'une baie et s'élevant en amphithéâtre entre deux petites collines, elle possède trois portes, quelques rues mal percées et une Kasbah. Quelques mauvaises fortifications la défendent du côté de la mer. Les brisants rendent sa côte presque inabordable. Elle ne possède d'autre eau douce que celle des pluies, son eau de source étant imprégnée de sel : mais les alentours comptent plusieurs puits à roue, près desquels les indigènes ont créé des jardins. Il y a, d'après M. Solvet, quatre journées de marche de Safi à Maroc.

Mogador, ou Souêra, qu'on visitera plus bas, ne date que de 1760, et fut construite par le sultan Sidi-Mohammed sur les plans de l'ingénieur français Cornut, d'où son aspect si régulier. Bâtie sur une plage sablonneuse, stérile, qui la sépare de la région cultivée, elle est défendue contre l'envahissement de l'Océan par des rochers qui s'étendent de la porte septentrionale à la porte méridionale. Ses édifices, assez élevés, sont de belle apparence, son grand marché entouré d'arcades, ses rues tirées au cordeau, quoique trop étroites. La ville est ceinte de murailles, et de bonnes batteries défendent la côte. Le port est formé par un canal qui circonscrit, au sud-ouest, une île à laquelle Jackson donne 2 milles de circonférence et d'une distance d'environ un demi-mille de terre. On sait que cette place fut bombardée le 15 août 1844 par M. le prince de Joinville, et pour quelles causes. C'est, du reste, la ville la plus importante et la plus commerçante de ce littoral, où elle a détrôné Santa-Cruz. Elle compte 7,000 habitants. Depuis que les puissances européennes ont obligé le gouvernement marocain à soumettre à la quarantaine les pèlerins revenant de La Mecque, l'île est devenue un lazaret.

CHAPITRE V

DE MOGADOR A SANTA-CRUZ, A MAROC ET A L'OUED DRAA

De Mogador à Maroc, une des trois capitales de l'empire, la distance est en ligne droite, mais accidentée. Une succession de plaines, de vallons, de collines, de gorges, de montagnes fatigue singulièrement le voyageur ; de plus, la route n'est point sûre. Enfin, les vivres et l'eau y sont rares. Autant de causes qui expliquent l'isolement légendaire de la vieille cité.

Jadis riche, superbe et peuplée, elle est en complète déchéance aujourd'hui. A peine compte-t-elle 50,000 habitants. Les murailles qui forment son enceinte embrassent bien toujours une circonférence de trois lieues, mais cet espace est en partie couvert de ruines ou transformé en jardins ; ce qui reste compose la ville actuelle. Ses remparts, construits en terre battue avec de la chaux, sont garnis de tours et percés de neuf portes. Les avenues des principales maisons sont presque toujours formées par des ruelles tellement étroites et tortueuses qu'un cheval y passe difficilement : cinq ou six hommes suffisent pour défendre une de ces ruelles, ce qui facilite les révoltes des marabouts et des chériffs. Parmi le grand nombre des mosquées on remarque celles d'El-Moazin et de Benious. Le palais impérial est en dehors de l'enceinte de la ville, du côté sud-est; il est très vaste, comprenant, indépendamment des appartements du Sultan, de ses fils et de leurs femmes, les logements de ses courtisans, les casernes de ses gardes, des mosquées, des jardins et d'immenses cours. Quant au quartier des Juifs, occupé par environ 2,000 Israélites, qui ne peuvent entrer dans la cité que pieds nus, il est situé entre l'enceinte du palais et la place. Les environs, jadis splendides et magnifiquement arrosés par de nombreux aqueducs et conduits souterrains, sont à peu près retombés dans leur aridité primitive : les dattiers, cependant, y subsistent en assez grand nombre; mais la qualité de leurs fruits est inférieure à celle des dattiers du Tafilelt.

Si, partant encore de Mogador, nous reprenons la route du sud, nous rencontrons d'abord Agadir ou Santa-Cruz de Mar-Pequena, sur la côte de la province de Sous. Sa baie large, profonde, bien abritée contre les vents, constitue, d'après Jackson, le meilleur mouillage de tout le littoral marocain. Les environs abondent en plantations d'oliviers, de dattiers, d'orangers. La place, gîtée sur une éminence, est bien défendue. Autrefois, c'était une station commerciale très active, servant de débouché au Soudan, principalement à Tin-Boktou. Aujourd'hui, ce n'est guère qu'une douane. « On y prélève au nom de l'empereur du Maroc, raconte le voyageur sénégalais Bou-el-Moghdad, une forte perception par tête de chameau ou de bétail. Les marchandises y sont également soumises à un droit élevé. Les voyageurs ne payent que pour les objets destinés à être vendus. » Cette douane est installée habilement à l'entrée d'un col que garde une tour, sous les portes de laquelle on est obligé de passer.

L'Espagne réclame instamment cette position, fort enviable du reste, en vertu des traités de 1860. Reste à savoir où figure, en réalité, la Santa-Cruz désignée par l'acte diplomatique susdit, les géographes et les explorateurs ne comptant pas moins de quatre points de ce nom sur la même côte ! Le Maroc est gêné pour la rétrocession d'Agadir, les tribus du littoral ayant précédemment laissé des comptoirs anglais s'installer dans cette région et, par suite, la Grande-Bretagne élevant des prétentions à ce sujet. Le gouvernement du Sultan a donc proposé à l'Espagne d'échanger le Santa-Cruz introuvable contre des emplacements stratégiques autour de ceux du détroit de Gibraltar ou contre des territoires sur la frontière de l'Algérie, au cap de Aguas, près des îles Chaffarines, elles-mêmes espagnoles. L'Espagne s'y est refusée. Agadir, en effet, est à peu de distance des îles Canaries et les commande ; d'autre part, les Canariens fréquentent particulièrement les pêcheries de la côte sud : autant de motifs de s'y installer solidement. En résumé, l'Espagne paraît avoir définitivement la victoire, et Santa-Cruz va devenir une de ses meilleures colonies.

Nous n'avons plus à signaler que Khibe, capitale des tribus Aït-Aboulla, remarquable par la grande quantité de Juifs tributaires qui s'y trouvent, et Glémim, la ville principale de l'Oued-Noun. C'est un marché important, où les caravanes de Tin-Boktou viennent échanger l'or, l'ivoire, la cire et la gomme. A dix ou douze lieues de là coule l'oued Drâa, limite extrême, au sud, de l'empire du Maroc. De l'autre côté des rives du fleuve, qu'on passe à gué, commence le Sahara, dont les tribus ne reconnaissent aucun maître.

CHAPITRE VI

SITUATION INTÉRIEURE. — ARMÉE. — SITUATION COMMERCIALE. — L'AVENIR DU MAROC

Somme toute, que représente le Maroc, encore si peu connu? Une non-valeur actuellement, mais un pays d'avenir.

Le Maroc, qui présente sur les versants de l'Atlas la série entière des climats, est un des pays les plus riches du monde en fruits, céréales, bois ; et les Marocains excellent dans la bijouterie, les broderies, le tannage des cuirs, la tapisserie. A Mogador seulement, quatre cents tanneries occupent six mille ouvriers, quinze cents métiers à tisser la laine, trois mille artisans. D'autre part, le système des irrigations est très ingénieux, et le sol pourrait produire trois récoltes par an.

Mais le pays est en proie au brigandage des tribus nomades et à celui des fonctionnaires. Nous l'avons déjà constaté, d'ailleurs. Dans la vallée du Sebou, les Beni-

Hassen sont de vraies compagnies de brigands, ayant des chefs et des lois, toujours armés et bien montés, d'une audace incroyable. Les montagnards du Riff sont pillards et bandits, n'accueillant aucun étranger qu'avec la sauvegarde des marabouts, n'admettant l'autorité ni du caïd ni des autres magistrats, recevant à coups de fusil les collecteurs d'impôts. Du reste, Berbères et Arabes n'obéissent qu'à leurs cheikhs.

Il est vrai que là où il domine, et ce n'est pas sur la plus vaste partie de l'empire auquel il prétend, le Sultan, chef spirituel et temporel, est plus absolu qu'aucun autre souverain de la terre. Il est, constate M. Beaunier, le plus parfait exemple du pouvoir fait homme. Il accable ses sujets d'impôts; à chaque fête, ils lui doivent un cadeau; ils défrayent de tout les fonctionnaires en voyage; en outre, quiconque a de l'argent est exposé aux extorsions des gouverneurs. « Avoir la réputation d'être aisé est un malheur », dit M. de Amicis. Celui qui possède un petit pécule l'enterre, dépense en cachette, simule la misère et la faim. On offre des présents pour obtenir justice, pour conjurer les persécutions, pour n'être pas réduit à périr de détresse. Aussi ce pays est-il loin de produire ce qu'il pourrait.

En 1880, le Sultan a bien adressé aux puissances européennes une Note, déclarant que toutes les croyances religieuses jouiraient de leur libre exercice sur tout le territoire de l'empire : mais cet édit n'est qu'un simple acte de tolérance officielle. Que des Chrétiens s'avisent de manifester extérieurement leurs rites à Rabat ou à Fez, par exemple, et ils verront ce qu'il leur en coûtera ! Que le Sultan s'avise, d'un autre côté, d'entrer en conflit avec le puissant et vénéré chériff d'Ouazzan, descendant direct du Prophète par les femmes, et il ne tardera pas à perdre aux yeux des vrais Croyants ce qui lui reste encore de vain prestige ! En réalité, l'empereur du Maroc n'est qu'un simulacre brillant, dont la base chancelle étrangement. Son armée elle-même, sa seule ressource contre les insoumis, n'est qu'une cohue piteuse.

En effet, il n'y a pas de troupes permanentes dans le Maroc. Les seuls soldats que le prince entretienne constamment sont ceux qui forment sa garde, évaluée au chiffre de 11,000 hommes : les trois quarts se composent de Nègres du Soudan, ou *Bokkari* : le reste, de Maures-Oudaïas, ou *Ludajas*. C'est là l'armée régulière, répartie en détachements proportionnels à Maroc, Tanger, Larache, Fez, Mogador, Salé, Rabat, Safi et Tétuan. Chaque homme reçoit par an deux chemises, deux paires de pantalons, un caftan de drap rouge et un surtout bleu. La solde journalière est de 10 à 40 centimes, sans compter les armes et les munitions de guerre. Il est vrai que beaucoup n'ont pas de solde fixe et sont obligés, pour se nourrir, de cultiver la terre ou d'exercer un métier : ils sont désignés pour servir d'escorte aux consuls ou aux étrangers de marque qui viennent visiter l'empire, ce qui leur procure quelques petits revenus. Dans certaines occasions, ils reçoivent aussi des cadeaux ou des indemnités de la part de l'empereur. En temps de guerre, au moment de marcher contre l'ennemi, chaque soldat des troupes régulières cantonnées dans les villes de garnison reçoit 12 à 20 piastres pour toute la durée de la campagne.

Ce n'est que dans les cas extraordinaires, lorsque le Sultan proclame le *djehad* ou « guerre sainte », qu'il y a des levées en masse. Alors, les gouverneurs des provinces fournissent chacun leur contingent. Les troupes provenant de ces levées irrégulières sont réparties dans les différents services, sans avoir reçu aucune instruction préalable. Aussi ce corps est-il formé du rebut de la population, de ceux qui sont trop pauvres pour entretenir un cheval : mal équipés, sans ordre ni discipline, ils sont armés de mauvais fusils, qui ratent neuf fois sur dix ; quelques-uns portent des lances, des masses et d'autres armes analogues. Ils se rassemblent dans les places qu'on leur désigne pour recevoir les drapeaux que les cheikhs leur distribuent. L'exercice de ces hordes consiste à décharger leurs fusils, à pousser de grands cris au moment de l'attaque, à tomber sans ordre sur l'ennemi le sabre ou le yatagan à la main. Toute la troupe alors se débande, et il serait impossible de rappeler les soldats à leur rang.

On comprend ce que peut valoir une pareille infanterie. Abrités derrière les murs des forteresses, ou agissant en guérillas dans des montagnes escarpées, ces fantassins pourront encore rendre quelque service : mais en rase campagne ils se disperseront, comme une bande de chacals, à la première charge d'un bataillon européen.

La cavalerie a plus d'importance, non seulement par le nombre, mais surtout par suite de l'usage des chevaux que les Marocains acquièrent dès leur enfance.

La cavalerie régulière est fournie par les tribus Maghzen. Ces tribus jouissent de certaines immunités au point de vue des impôts, mais tous leurs hommes valides doivent, de père en fils, le service militaire au Sultan et restent, en tout temps, à sa disposition. Les cavaliers qu'elles fournissent sont désignés sous le nom générique de Mokrazni. Leurs neuf tribus peuvent fournir un contingent d'environ 10,000 individus. Cette cavalerie régulière se distingue des autres cavaliers par la calotte pointue et une djellaba blanche sur une sorte de gandourah en drap ou en flanelle rouge. Les chefs ont le turban blanc par-dessus la calotte rouge. L'armement se compose d'un fusil européen avec baïonnette, et d'un sabre ; quelques cavaliers portent, en outre, la khoumia. Le harnachement consiste dans une selle arabe, recouverte d'une housse en drap. La solde d'un Mokrazni est d'environ cinq onces par jour, sur laquelle il nourrit son cheval. C'est ce qui fait que cette solde varie avec le prix des denrées. La ration ordinaire des chevaux est de 3 kilogr. 250 d'orge et d'un peu de paille.

Cette cavalerie régulière est commandée, en principe, par le Sultan lui-même ; en fait, c'est le Caïd-el-Mechouar qui la commande directement. Les contingents, lorsqu'ils sont appelés à marcher, sont organisés en *mehallas* ou escadrons, à la tête desquels sont placés des caïd-smia. Plusieurs Mehallas, jusqu'à concurrence d'un millier de chevaux, sont commandés par un caïd-agha. Le caïd-agha et le caïd-smia sont les deux seuls grades d'officiers ; les mokadden, qui viennent ensuite, remplissent les fonctions de sous-officiers. Les tribus maghzen ne fournissent, en temps normal, qu'un certain contingent ; les autres cavaliers rentrent dans le *dieg* ou réserve, appelée seulement en cas de besoin. Les tribus autres que les tribus maghzen ont à fournir, quand le Sultan l'ordonne, un certain nombre de mehallas, qui sont amenées par les soins des caïds. Ces irréguliers prennent le nom de Mekhaznia.

Chaque gouverneur de district a sous ses ordres une force variant entre 50 et 10 mekhaznia. Les fonctions de ces derniers sont multiples : en temps de paix, ils font un service de police et de gendarmerie, ils servent de courriers, ils escortent les voyageurs et les marchands. Ce dernier service leur est payé à raison de 5 francs par jour et par cheval. C'est, du reste, une très ancienne institution ; depuis longtemps il leur a été prêté des terres, considérées maintenant comme leur propriété et transmissibles dans la famille. Ceux d'entre eux qui font un service près du caïd reçoivent, par mois, une solde d'environ 3 francs. L'effectif total des mekhaznia peut s'élever à 30,000 ou 40,000 hommes.

La cavalerie marocaine est, en général, assez bien montée avec des chevaux du pays. L'aspect de ces chevaux n'est peut-être pas très brillant, mais leur vitesse et leur force de résistance sont véritablement remarquables. Le Sultan a fait, avec des chevaux normands, des croisements qui ont produit des animaux plus étoffés, mais qui n'ont ni l'âme ni la vigueur de la race indigène.

La tactique de la cavalerie est demeurée fort primitive. A la vue de l'ennemi, le cavalier charge à fond de train en faisant feu ; s'il est contraint de faire demi-tour, il s'enfuit de toute la vitesse de son cheval, sans cesser de charger et de tirer. Quand il a affaire à un ennemi peu nombreux et qu'il réussit à l'enfoncer, il abandonne son fusil, et c'est alors le sabre ou le couteau-poignard qui entre en jeu.

Ce ne sont point, assurément, de pareilles troupes qui maintiendraient l'intégrité du territoire marocain en cas de guerre avec une puissance européenne. La marine ne vaut guère mieux : dès 1848, elle ne se composait plus que d'une frégate, de deux corvettes, de quatre bricks et de quelques chaloupes-canonnières, dont tout le matériel, ainsi que les équipages, paraissaient être dans le plus déplorable état. Depuis cette époque, la décadence de cette triste flotte est encore allée en s'augmentant, faute d'administration et d'argent.

Le commerce pourtant est, relativement, productif. Il pourrait l'être davantage. Les ports du Maroc ouverts sont au nombre de huit : Tanger, Laraehe, Rabat, Casablanca, Mazaghan, Safi, Mogador et Tétuan. Le mouvement commercial s'élève à près de 44 millions, sur lesquels l'Angleterre figure pour 24 millions, la France pour 16 millions, l'Espagne pour moins de 3 millions, et les autres puissances pour des chiffres insignifiants. Or, ces 44 millions sont loin de suffire au déficit perpétuel de l'empire, tellement ses finances sont à la merci du Sultan, de ses favoris et de ses fonctionnaires ! Le peuple là, moins qu'ailleurs, compte pour rien.

A cette situation périlleuse un remède prompt s'impose, mais différent selon qu'il s'agira des intérêts immédiats de la France et de l'Espagne, états limitrophes, ou des intérêts très éloignés de l'Angleterre et de l'Allemagne. Vis-à-vis de la France, le Maroc doit accepter une rectification de frontières, qui sauvegardera son indépendance. Quant aux autres nations, elles ont pris dorénavant toute la position qui leur est due, sauf peut-être l'Espagne, à laquelle il reste à s'entendre avec la France ; du concours de la France l'Espagne a tout à gagner. Le moment n'est, peut-être, pas éloigné où une puissance européenne pourrait, sans grand effort, substituer à la dynastie marocaine actuelle une autre dynastie plus populaire.

TABLE DES MATIÈRES

PREMIÈRE PARTIE

EN TUNISIE

                                                                  Pages.

I. — Superficie, climat et configuration géographique de la Tunisie....................   5

II. — Tunis et ses environs. (Le Bardo. — La Manouba. — La Marsa. — L'Ariana. — La Goulette. — Ruines de Carthage.)...   13

III. — De Tunis à Tripoli. (Hammamet. — L'Enfida. — Sousse. — Monastir. — Mehedia. — Sfax. — Gabès. — Zarzis.)............   35

IV. — De Tunis à Bône par la mer. (Porto-Farina. — Utique. — Bizerte. — Ile Galite. — Ile Tabarca. — La Khroumirie.)........   57

V. — De Tunis à Béja, à Ghardimaou et à Souk-Ahras..................................   67

VI. — De Tunis à Testour, à Téboursouk et au Kef. — L'expédition militaire de 1881...   73

VII. — De Tunis à Zaghouan et à Kairouan. — Ruines d'El-Djem.....................   87

		Pages.
VIII.	— De Kairouan à Gafsa, à El-Guettâr, à Tozeur et à Nafta...	103
IX.	— Commerce et Industrie...	109
X.	— L'influence française en Tunisie...........................	117
XI.	— Population, mœurs et coutumes............................	127
XII.	— Superstitions religieuses.....................................	140

SECONDE PARTIE

AU MAROC

		Pages.
I.	— Situation générale du Maroc. — Population et mœurs. — L'esclavage........................	151
II.	— La frontière algérienne et Figuig. — Le Riff. — Mélilla. — Tétuan. — Ceuta. — Tanger...	171
III.	— De Tanger à Fez, à Théza et à Méquinez...	185
IV.	— De Tanger à Larache, à Rabat, à Safi et à Mogador...	193
V.	— De Mogador à Santa-Cruz, à Maroc et à l'oued Drâa...	205
VI.	— Situation intérieure. — Armée. — Situation commerciale. — L'avenir du Maroc.....	209

TABLE DES GRAVURES

TUNISIE

	Pages.
Vue de Tunis	2
Café de la Marsa (Env. de Tunis)	27
La Chapelle Saint-Louis à Carthage	33
Femme de Tunis	53
Ruine d'El-Djem	65
Soldat tunisien	79
Vue de Ceuta	97
Arc de triomphe de Trajan à Makteur	101
Derviche tunisien	142

MAROC

	Pages.
Tanger	150
Le Barrio des Juifs à Tétuan	161
Juif marocain	177
Une route au Maroc	191
Larache	194
Vue d'Arzilla	199

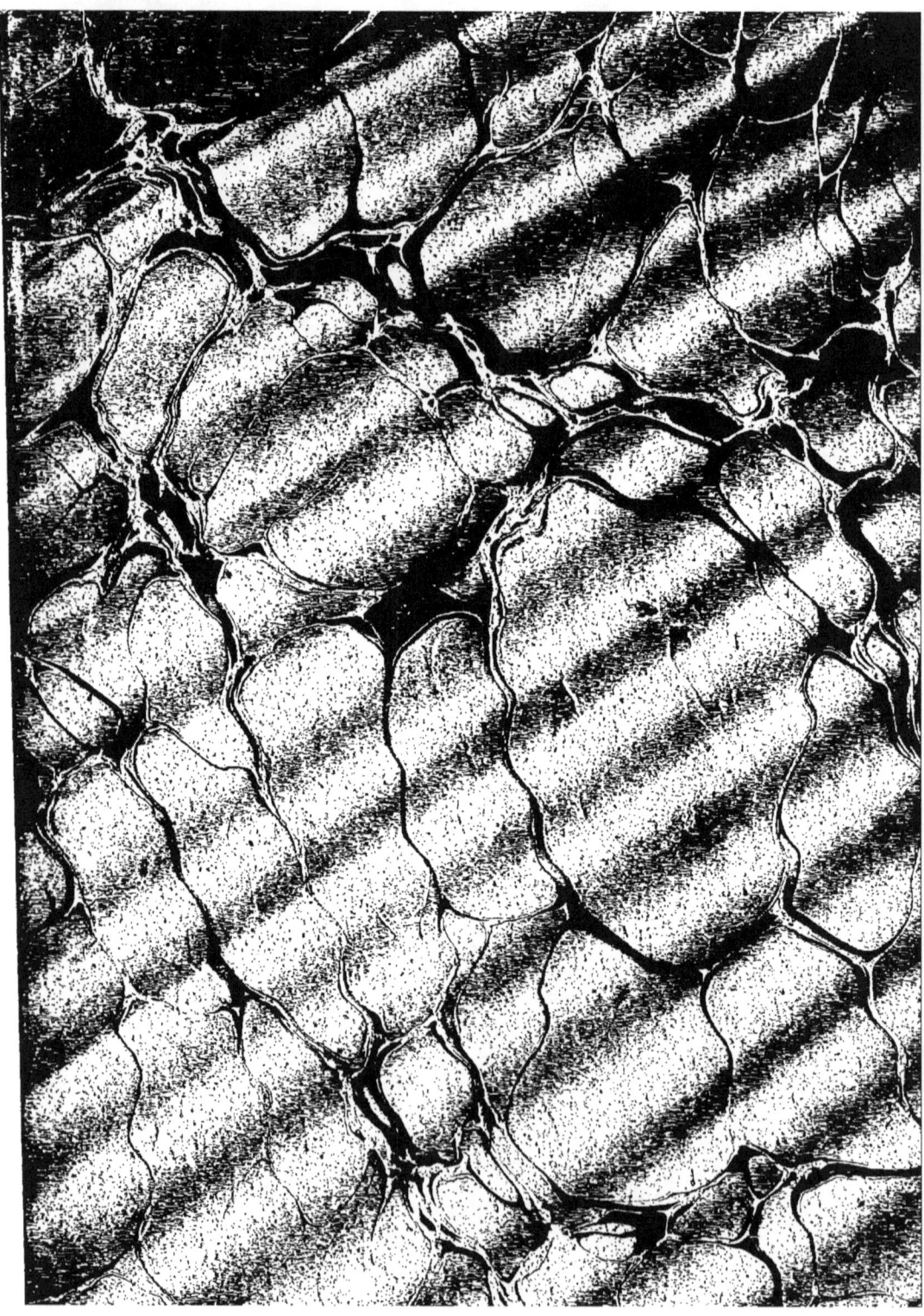

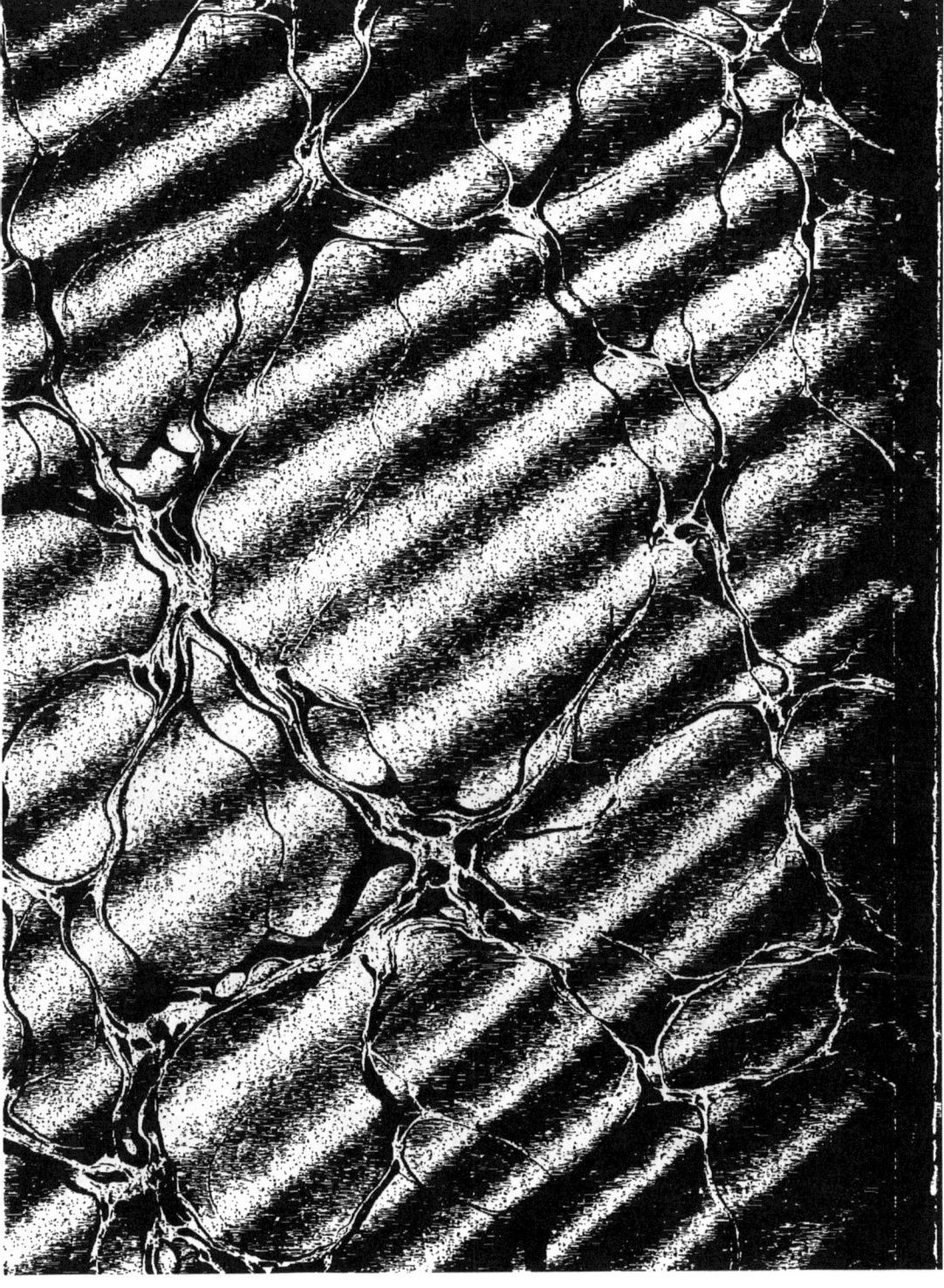

www.ingramcontent.com/pod-product-compliance
Lightning Source LLC
Chambersburg PA
CBHW071940160426
43198CB00011B/1477